丛书编委会

主　任　刘继南

委　员（按姓氏笔画排列）
　　　　　山红红　马延军　王迎军　王温凤
　　　　　许学峰　李晓华　杨旭东　邹晓巧
　　　　　闵惠泉　张李玺　张秀琴　陈乃芳
　　　　　陈维嘉　郑晓静　秦　和　高晓虹

中外女性领导力研究丛书

欧洲政坛女性领导力个案研究

朱冰 曹彦语 曹万茹 巩婧妤 著

中国传媒大学出版社
·北京·

图书在版编目(CIP)数据

欧洲政坛女性领导力个案研究/朱冰等著.--北京：中国传媒大学出版社，2022.5
ISBN 978-7-5657-3083-2

Ⅰ.①欧… Ⅱ.①朱… Ⅲ.女性－政治家－人物研究－欧洲 Ⅳ.①K835.07

中国版本图书馆 CIP 数据核字(2021)第 216160 号

欧洲政坛女性领导力个案研究
OUZHOU ZHENGTAN NÜXING LINGDAOLI GEAN YANJIU

著　　者	朱　冰　曹彦语　曹万茹　巩婧妤
策划编辑	李水仙
责任编辑	姜颖昳
封扉设计	大鹏设计
责任印制	李志鹏

出版发行	中國停媒大學 出版社			
社　　址	北京市朝阳区定福庄东街 1 号	邮　编	100024
电　　话	86-10-65450528　65450532	传　真	65779405
网　　址	http://cucp.cuc.edu.cn		
经　　销	全国新华书店		
印　　刷	唐山玺诚印务有限公司		
开　　本	710mm×1000mm　1/16		
印　　张	13.5		
字　　数	185 千字		
版　　次	2022 年 5 月第 1 版		
印　　次	2022 年 5 月第 1 次印刷		
书　　号	ISBN 978-7-5657-3083-2/K・3083	定　价	69.00 元

本社法律顾问：北京嘉润律师事务所　郭建平

总　序

吴启迪

本套丛书系教育部哲学社会科学研究重大攻关项目"高等教育大众化与媒介融合时代菁英女性培养与领导力提升研究"(项目号：15JZDW002)的成果。

20世纪90年代以来，国际社会呼吁性别议题和性别关切应该纳入社会发展主流，借此改变人类文明进程。1995年在北京举行的联合国第四届世界妇女大会上明确提出"社会性别主流化"的行动纲领。这一行动纲领具有长期的指导意义，是引领人类性别文明的"亚历山大灯塔"。"社会性别主流化"意味着：在社会实践或研究领域洞悉性别问题，作为原因、作为交织影响或作为结果；在法规政策制定和实施中确立性别支持框架，作为顶层设计、作为微观透视或作为合法性论证；在媒体呈现报道里规避性别污名化或复制性别歧视偏见，作为议程设置、作为新闻人价值立场或作为普遍的职业操守。社会性别主流化自然亟待全社会的努力，但从吁求到行动，及至落地生根，都离不开精英女性作为先行者的探索和开拓，作为"光源"的引导和辐射。精英女性的培养和领导力提升，是性别平等事业新历史节点的关键所在。

高等教育大众化及至普及化时代，女性在各行各业的领导力呈现，成为性别平等的新表征。自2006年起，世界经济论坛每年发布《全球性别差距报告》，从经济机会、政治赋权、教育成就、健康和生存四个维度对全球不同国家的性别差距状况进行衡量。根据世界经济论坛最新发布的报告（2020），教育成就以及健康和生存两个子指数分别为96%和97%，基本实现了性别平等；经济机会、政治赋权两项指数分别为58%和25%，这说明女性经济参与与机会不充分，政治参与严重不足。历史地看，经济与政治指数仍然是历史进步和积极干预的结果，醒目的数据也让世人更直观地了解并审视"性别差距"，严肃对待并改变造成性别差距的政策、环境和无形的习惯。

性别差距未被纳入视野，甚或性别平等尚未成为议题的漫长历史阶段，我们可以称之为领导力的性别缺失时代，不言自明，这时领导力等于男性领导力，领导力在概念内涵上意味着单一性别即男性的领导本质和特征；这时无论是领导力的经验采撷还是理论探讨，都受制于单调而畸形的性别光谱。本套丛书既从理论上探索女性领导力的实质内涵和本质特征，发掘女性和领导力相遇的丰富思想空间，也关注精英女性实践所焕发、闪烁的新领导力精神、新领导力文化，同时关注媒介环境变迁中女性活跃的生活世界、"她时代"的新气象和女性面临的新问题。此外，本套丛书还特别关注女性领导力生成机制和社会支持网络。研究表明，在侧重性别培养的教育机构中，性别赋权取得了更显著的成就，其思想火种也更可能随之传播出去，而女性继续教育亟待持续规划和系统政策支持。

性别问题在世界不同地方、不同领域呈现出各自的紧迫性和重点，有的在为性别机会均等努力，在漫长的学制中教育机会均等也呈现出差异图景；有的或重心落在性别平等在不同领域的差异上，如聚焦女性参政情况、学术领域的隐性性别歧视等；比较一致和普遍的关切是在整个职业生涯中女性发展有形的掣肘和无形的障碍,这方面的政策缺位格外突出。研究还关注国际组织的女性发展政策、欧洲女性参政的光谱,中国传媒领域精英女性领导力、教育领域中女大学生的成长等问题。伴随新科技塑造的媒介环境,女性日常生活变迁和积极表现是世人瞩目的议题,因而也被纳入丛书研究的视野。

本套丛书围绕精英女性培养和女性领导力提升展开,需要申明的是,性别意识不仅仅是女性教育或女性领导力培养需要特别关注的。隐含或隐藏的性别偏见、性别歧视对两性都造成了困扰和伤害,即使是在充满男性优势地位的世界里,真正的性别及其人格担当也并没有建立起来。男性、男孩的教育也应该贯穿于整个学制中,而现实往往是既缺乏女性教育,又缺乏男性教育。教育是要构造未来世界的,性别意识、性别议题应该首先与教育制度、教育文化相融合。基于性别的自我理解、同情理解、相互理解之愿景和实践,将引领我们走向新世界和新文明。

目 录

导 论 ⋯⋯ 001

第一章　跨越千年的历程
——欧洲女性参政之路回顾 ⋯⋯ 006
第一节　作为男人的附属品：中世纪之前欧洲女性的政治地位 ⋯⋯ 006
第二节　"女性没有什么文艺复兴"：近代以来欧洲女性的政治地位 ⋯⋯ 012
第三节　打破"他者"的枷锁：十九世纪以来欧洲女性的政治地位 ⋯⋯ 020

第二章　信仰、权力、魅力与公共形象
——英国第一位女首相撒切尔夫人 ⋯⋯ 027
第一节　打破预言：从杂货店柜台到唐宁街10号 ⋯⋯ 027
第二节　重拾荣光："铁娘子"绝不妥协 ⋯⋯ 033
第三节　双面魅力：强硬首相的迷人之处 ⋯⋯ 042
第四节　体面退场：英国人民不会忘记撒切尔 ⋯⋯ 051

第三章　可持续发展与女性领导群落
——为什么是北欧 ··· 057
第一节　世界第一位女总统：维格迪丝·芬博阿多蒂尔 ················ 057
第二节　"可持续发展"理念倡导者：布伦特兰夫人 ···················· 065
第三节　"我行我素"总统塔里娅·哈洛宁 ···························· 072
第四节　为什么是北欧？北欧女性参政状况简析 ······················ 080

第四章　种族、偏见及亲和力
——拉脱维亚前总统弗赖贝加 ····································· 086
第一节　动荡前生：战火中求生，异乡求学 ·························· 086
第二节　文脉根深：我从来不曾忘记我是一个拉脱维亚人 ·············· 093
第三节　力破偏见：做一个女人是我的优势 ·························· 102
第四节　永不停歇：拉脱维亚会永远记得弗赖贝加 ···················· 110

第五章　女性、理性与公共职责
——德国母亲默克尔 ··· 117
第一节　逆风成长：出身东德的牧师之女 ···························· 118
第二节　价值寻求：物理学家颠覆德国政坛 ·························· 129
第三节　峰顶挑战：带领欧洲走出危机的"施瓦本主妇" ················ 139
第四节　屹立不倒："我会在某天带着尊严离开" ······················ 154

第六章　私人生活、合作力及玻璃天花板

　　　　——乌克兰前总理季莫申科 ································· 159

第一节　童话情缘：充满野心的人生赢家 ························· 160

第二节　商而优则仕：政敌眼中的"致命天使" ····················· 163

第三节　全民偶像："橙色海洋"里的铿锵玫瑰 ····················· 167

第四节　起伏不断：复仇女神何去何从？ ························· 174

第七章　企图心、责任心与意志力

　　　　——争议旋涡中的英国前首相特蕾莎·梅 ················· 181

第一节　梦想之初："我要成为英国女首相" ······················· 182

第二节　巧破成见："下一个撒切尔"还是"时尚女魔头"？ ············ 186

第三节　迎难而上：在"脱欧"的历史底色中前行 ··················· 191

第四节　辞职之后：眼泪与坚守 ································· 194

结　语 ··· 197

参考文献 ··· 201

导 论

在 18 世纪第一次工业革命的科学精神和启蒙运动的理性光辉到来之前,如同处在封建时代的中国妇女一样,欧洲妇女也同样被束缚在家庭之中,没有社会地位,整日忙于家务,相夫教子。

这种男主外女主内的社会性别分工格局成型于千年之前的古希腊,在漫漫历史长河中,虽偶有少数杰出女性闪耀过刹那芳华,但都如过眼云烟,很快就消逝于历史的滚滚洪流之中。

由上海师范大学裔昭印教授撰写、商务印书馆 2009 年出版的《西方妇女史》,详细介绍了从古希腊至今,西方妇女在历史发展中的生存境遇,全书共分为十个章节。前三章分别介绍了古希腊、古罗马、中世纪的西方妇女地位,随后作者又分别从社会转型、政治革命、工业革命、家庭性别关系等方面浓墨重彩地向我们展示了女性在近代剧变中社会政治地位以及角色定位等方面发生的革命性变化。最后,作者又用三章分别讲述了两次世界大战中、战后和当代西方女性的境况。可以说,该书是一部介绍西方女性地位变迁的百科全书,非常全面,它的体例安排也为本书的写作提供了很多极具价值的参考。

关于启蒙运动时期欧洲女性历史地位的文章,还有2009年刘大明撰写的《启蒙时代的法国女性和女性观》、浙江大学郑志姣的硕士学位论文《18世纪法国沙龙中的女性地位探究》等。值得一提的是,李银河教授在其著作《女性权力的崛起》中,也有关于妇女运动百年发展历程的章节,不过此书描述得比较泛泛,从政治参与、社会参与、教育、健康等方面讲述了世界范围内的女性权力地位变迁,其重点在女性主义,而非女性的政治参与。不过我们仍能从其中获取关于妇女参政权变迁、北欧女性的高政治参与等相关内容。

到了20世纪,历经百年斗争的欧洲妇女开始逐渐步入政坛,走进这个历来由男人掌控的高权力领域,并且取得了不俗的成绩。最先引起人们注意的是撒切尔夫人,她以其强硬的铁腕作风引发了世人关注。在经济方面,她顶住了来自工会的压力,抛弃了以往主张国家干预的凯恩斯主义,使英国率先摆脱了20世纪70年代西方的滞胀危机;在政治方面,1982年马岛海战,撒切尔夫人用一场对阿根廷的绝对胜利,巩固了英国的海外领地,赢得了在海内外的绝对声誉,使得战后羸弱的英国仿佛重现了大英帝国的往日荣光。

作为蜚声国际的知名政治人物,国内外研究撒切尔夫人者不可胜数,在网上书店搜索"撒切尔夫人",可以看到十几二十个版本的撒切尔夫人传记。通过对图书作者和出版社的检索,其中以撒切尔夫人1997年出版的自传《唐宁街岁月》及其授权写作的传记作家查尔斯·莫尔的作品《撒切尔夫人传》较为翔实贴切。

与撒切尔夫人相似,德国总理默克尔同样享有国际声誉。她成长于德意志民主共和国,却在2005年成为资本主义德国的总理,并且蝉联四届,在德国政坛上发挥了不可替代的作用。在网上书店检索默克尔,同样能搜到近十本相关传记,比较权威的有中信出版社出版的《默克尔传》以及国际文化出版公司2006年出版的默克尔采访对话集《默克尔总理:迈向权力之巅》。

虽然季莫申科知名度并不如撒切尔和默克尔,我们仍可在网上书店搜索到关于她的两本传记:社会科学文献出版社2006年出版的《美丽与政治》,以及世界知识出版社2012年出版的《从总理到囚徒:美女政治家季莫申科》。英国首相特蕾莎·梅任首相一职第二年,已经有一本详述其成长经历的中文版传记——文化发展出版社2017年出版的《特蕾莎·梅:谜一般的首相》。

世界政治向来更多关注大国,在文学创作以及传记写作方面也是如此。相比以上四位政治家在华语世界的众星捧月,拉脱维亚女总统瓦伊拉·维基耶-弗赖贝加和三位北欧女总统在中国则乏人问津,难寻其中文传记的踪影。仅在两本与本书体例相似的书籍——湖北人民出版社出版的《女人的力量:女首脑人生启示录》和世界知识出版社出版的《国际政坛女杰》中,我们找到了有关芬兰总统塔里娅·哈洛宁和拉脱维亚总统瓦伊拉·维基耶-弗赖贝加的一些文字,其他相关材料则散见于一些研究女性主义或北欧政治的论文当中。

乏人问津不代表无足轻重,在女性参政方面,北欧地区的女性参与程度遥遥领先于世界其他地区。1980年,冰岛出现了世界首位民选女总统维格迪丝·芬博阿多蒂尔。之后,在挪威和芬兰又相继出现了像布伦特兰夫人和塔里娅·哈洛宁这样的女性领导人。及至今日,北欧地区的女性参政率达到了40%以上,远高于世界其他地区。通过讲述三位北欧女性领导人的参政之路,探究北欧地区女性参政程度高的背后原因,分析女总统对国内女性运动的推动与领导情况,都显得非常必要。在这方面,河北师范大学韩冬杰的硕士论文《北欧女性参政特色及形成原因分析》可以给我们做一个很好的参考。

女性主义运动推动了女性在社会政治领域的全面参与,而女性的参与又反过来推动了女性主义研究不断深入发展,二者相互作用、相辅相成。20世纪80年代末,在撒切尔夫人、芬博阿多蒂尔等女性领导人叱咤政坛的同时,女性主义国际关系学在国际关系学界悄然兴起,该学科从批判现实中以男性主导的权力政治开始,将社会性别纳入国际关系研究的范畴中,试图用女性的和平感性特质,将国际关系领域中的"强制性权力"软化、修正为"合作性权力"。

女性主义国际关系学所研究的性别特征对国家间关系的影响,也正是我们在本书中所探求的——女性领导人在处理国际关系、国家内部事务时所展现的不同于男性领导人的领导力特质。

在国内的女性主义国际关系学研究方面,北京大学的李英桃教授可以说是开创者和守成者。她参与的《女性主义国际关系理论研究——李英桃教授访谈》《女性主义国际关系学及其发展前景》等多篇论文,以及她主持编撰的《女性主义国际关系学》一书,都是国内比较权威的、介绍女性主义国际关系学研究方向及发展前景的著作。

如同北京大学汇丰商学院教授刘澜在詹姆斯·G.马奇在《论领导力》一书的推荐序中所概括的,现有的领导力研究有三种范式[①]:借用自然科学实验、调查、统计等研究方法的科学范式;基于亲身经验和个人的非系统性观察提炼出个人见解的经验范式;马奇所主张的人文范式,特点是不求"真实"的结论或"确定"的行动指南,而是激发对可能性的思考。

实际上,关于"女性领导力"研究的不同取向[②]也受以上范式的影响:实证主义等同于以上的科学范式,这一范式认为使用"科学"的方法后,任何人都可以把握实在,任何人为的因素都不应干扰对客观之物的把握,因此,持这种观点的论者基本拒绝女性领导力的存在,认为女性领导力研究的出现是个人受性别因素影响出现的不客观认知;经验范式接近于具有女权主义特色的、将女

---

① 马奇,韦尔.论领导力[M].张晓军,郑娴婧,席西民,译.北京:机械工业出版社,2018:ⅩⅥ-ⅩⅧ.
② 依照联合国教科文组织媒介与女性中心研究员张敬婕的归纳,女性领导力研究有两种不同的研究取向。详见:张敬婕.女性领导力研究的差异性取向及四种认识论[J].领导科学,2016(6):48-50.

性作为个体性单数概念的研究认同,相关的研究主要体现在对不同的女性领导者的个案研究;人文范式突破了科学范式和经验范式的局限性,体现在女性领导力研究中,既认同女性领导力的存在,又认识到女性领导力的多样性。

  我们正是在马奇所主张的人文范式下组织了一系列欧洲政坛女性的故事。这些故事并非旨在向我们传递以上女性成功的个体经验,而是让我们意识到女性在政治领域的多种可能性;女性主义研究视角的加入提醒我们,在我们的写作过程中,还需要注意的一个问题就是,在我们的主流叙事里,是否有意无意地在将女性领导人的领导特征与男性做对比,并将其无限贴近男性领导特征,最终给其贴上一个男性化标签,比如"铁娘子"。而女性领导人自己在处理内外事务时,是真正用自己的女性特质去行动,还是会用男性的标准要求自己,最终将自己塑造成为一个"男性化女性领导人"……这些都是我们在本书的写作过程中着力探究的问题。

第一章　跨越千年的历程
——欧洲女性参政之路回顾

第一节　作为男人的附属品：中世纪之前欧洲女性的政治地位

古希腊文明、古罗马文明、古希伯来文明作为西方文明的三大源头，共同奠定了西方文明发展的总基调。这三种文明都曾以不同的方式实际统治或支配西方世界的发展，也都曾产生过光耀千古的文明火花，人们至今仍在从这三种文明中汲取发展的养分。作为世界三大宗教之一，基督教依然是当代西方民众不可或缺的精神支撑。在这三种文明发展存续的过程中，女性都曾扮演至关重要的角色。在这三种文明逐渐发展至鼎盛的过程中，女性的地位却一再被看轻，女性最终被关在了家庭的藩篱之中，成了男性的附属品。

古希腊文明是西方文明的源头，爱琴文明则是古希腊文明的源头。早在公元前 3000 年左右，在爱琴海领域的克里特岛就诞生了最早的克里特文明，它与其后的迈锡尼文明一道构成了存在于公元前 3000 年至公元前 1100 年的爱琴文明。在此之后，古希腊文明历经几次入侵，被划分为荷马时代（也称黑暗时代)、古风时代、古典时代和希腊化时代。

在古希腊早期的爱琴文明中,社会分工并不明显,女性同男性一样,活跃在社会文化生活中。雕像、壁画等文物显示,在克里特文明早期,女性在当时的宗教活动中扮演着重要角色。女性神祇在克里特宗教中占据重要地位,大女神是至高无上的。在克诺索斯的米诺斯王宫出土的"大看台壁画"中,人们可以看到成群的男男女女坐在看台上,围观身着华丽衣服的高级女祭司主持宗教庆典的场面。这证明了女性在这一时期能够观看各种仪式和表演,也说明了女性在当时最重要的社会活动——宗教祭祀中占据重要地位。克里特文明时期女性拥有较高地位,一方面体现了人类社会早期社会分工并不明显,男女属于相互配合的伙伴关系;另一方面也体现了母系社会发展阶段对早期人类发展历史的影响。

在之后的古希腊发展过程中,社会分工不断明确,法律渐渐完善,文明逐步走向成熟。但在这一过程中,女性却逐渐被规约在家庭之中,甚至被完全排除在希腊城邦的政治生活之外,她们的社会和家庭地位逐渐降低。

在古希腊文明最鼎盛的古典时代,以雅典和斯巴达为代表的城邦国家逐渐兴起,主要由男性公民参与的城邦公共领域和以女性为主体的家庭私人领域也逐步形成。

在古希腊文明中最为人称道的雅典民主政治时期,全体公民都是城邦的主人,全体公民都可以参与城邦事务的处理和解决。必须要指出的是,这里的"公民"仅指具有土地所有权的雅典男性公民。在雅典法律中,女性和未成年人一样都被看作没有法律行为能力的人,她们一生都必须处于监护人的监护之下。由此,雅典妇女也被剥夺了经济自主权。没有经济自主权的雅典女性自然无法拥有土地,也无法成为雅典公民,无法参与城邦管理的政治生活。

古典时期的一个例外是,在以斯巴达为首的尚武城邦,较之于以雅典为首的民主城邦,女性反而享有更多的自由。她们在经济上能够处理自己的财产,在政治上也能够对公共政策施以影响。女性在斯巴达拥有较高地位与斯巴达尚武的社会风气密切相关。为了打造军事化城邦,斯巴达鼓励妇女生育,但家庭意识薄弱。因此,没有家庭藩篱的斯巴达妇女能够在社会生活中扮演更多更重要的角色,由此某些杰出的女性能够参与城邦的管理中,对城邦事务施以影响。

从公元前334年亚历山大大帝东征开始,到公元前30年罗马共和国征服埃及为止,这段大约300年的时间被称为希腊化时代。在这一时期内,原有的希腊政治版图剧烈变化,东西方文明交融也空前扩大,尤其与古埃及的交往甚为密切。在古埃及,女性可以继承王位,她们享有财产权和继承权,在法律上享有和男子同等的权利。受此影响,此时的古希腊女性的地位有了显著提高,开始有少数王室妇女和富有的上层妇女通过不同途径掌握政治权力,妇女在法律和婚姻方面也有了一定的行动能力和自主权。

希腊化时代女性所享有的权利都超过了之前的时代,女性在政治、法律及宗教等领域的参与都达到了空前的水平。这种女性对社会事务的深度参与,也深深影响了紧随其后的罗马时期女性的政治地位。

公元前148年,在经历了数十年的马其顿战争之后,来自亚得里亚海附近的罗马人击败了马其顿并控制了整个希腊,建立了横跨欧亚非三大陆的罗马共和国。罗马女性的辛勤劳动和强力支持,支撑了罗马军队数百年来的对外征伐。也正是因为罗马人早期的连年征战,使得罗马妇女能够参与社会各个层面的活动。虽然女性在罗马法律中并不拥有担任公职的权利,不能够参加选举,不能够参军打仗,但她们仍在以各种各样独特的方式参与罗马政治军事文化生活的方方面面。在罗马共和国的传说中,经常能够看到罗马妇女智退敌军的故事。

因此，在整个罗马共和国以及后来的罗马帝国时期(公元前27年—公元476年)，罗马女性的地位都处于较高的位置。更为重要的是，罗马女性在漫长的发展历程中，首次取得了父家财产的继承权，这大大提高了罗马女性的婚姻自主权，也进而提高了她们的性权利。这直观体现为在罗马社会中，离婚和通奸行为司空见惯，"性快乐主义"在罗马甚为流行。

在法律与家庭中获得了权利的罗马女性，也开始追求政治上的权利。罗马女性在西方历史上第一次意识到自己的性别权利，并将其付诸行动，掀起了两次捍卫自身性别权利的妇女运动。

这两次著名的妇女运动发生在罗马共和国后期。第一次妇女运动发生在第二次布匿战争期间。公元前215年，出于战争需要，罗马政府颁布了限制女性奢侈行为的《奥庇乌斯法》，该法令对女性的穿着、出行工具等做了明确规定。战争期间，妇女们接受了这项法律，并严格遵照执行。在战后，当罗马男性恢复了挥金如土的奢靡生活时，罗马政府却丝毫没有解除这项法令的意思，这激起了妇女们的强烈不满。公元前195年，妇女们走上了街头，将正在举行废除《奥庇乌斯法》辩论的法庭团团围住，要求废除该法律。随着人流的逐渐汇聚，参加运动的人越来越多，在妇女的巨大压力之下，最终法庭废除了《奥庇乌斯法》。

这是罗马女性争取自身权利、参与公共事务的第一次重大胜利。第二次妇女运动发生在罗马共和国向罗马帝国转型的内战时期。其时，内战一方为了筹措战争费用，罗马政府颁布法令要对罗马最富有的1400个妇人的财产进行估价并收取战争财产税。妇女们听闻此事后，聚集到一起，推举代表到法庭做了陈情说明，表示她们不会为了内战捐献自己的财产。迫于妇女的压力，法庭最终做出了妥协，将1400名妇女降到了400名，并对财产超过10万德拉克马的罗马男性以及外邦人等收取税费，此事才算平息。

这两次妇女运动充分说明了罗马女性强烈的参政意识,她们能够付诸行动保护自身权益。在此意义上,罗马女性运动为千年之后的西方女性运动做了遥远的"启蒙"。然而,也正是罗马女性的这种勇敢行动,使得罗马保守的男权至上者如临大敌,他们开始诋毁甚至污蔑女性,试图再次将她们关进家庭的藩篱之中。

罗马帝国晚期,帝国陷入了空前的政治经济危机。同时,整个罗马社会充斥着奢靡纵欲之风,为方便罗马公民洗浴的公共洗浴池成了人们纵欲的场所。与此同时,有关妇女"道德败坏"的批评开始在帝国晚期不绝于耳,许多人将帝国晚期社会风气的败坏归咎于妇女,认为妇女的奢靡与堕落导致了帝国的衰亡。而后,这种批评与逐渐被罗马社会所接受的基督教女性观一同形成了对女性的重新压制。

基督教诞生于公元1世纪的巴勒斯坦一带。早期基督教宣扬平等主义,吸引了很大一部分贫苦劳动人民加入其中。基督教的核心人物耶稣在这一时期对待女性的态度也很好地体现了基督教宣扬的平等主义思想,他一视同仁地为不同妇女群体提供帮助,在公共场合同她们谈话,帮助她们解决病痛。在耶稣眼里,女性被视为与男性平等的人,将在末日审判来临时同男性一样得到救赎和审判。

创立初期的基督教能够平等地对待女性,但在后来的发展中,基督教却开始将女性置于从属男性的地位,认为她们比男人意志薄弱、容易上当受骗,是导致男性犯下罪过的根源。针对当时罗马的奢靡纵欲之风,教父们提出了女性要禁欲与独身。同时他们也提出了夫妻之间要互敬互爱,妻子必须要服从丈夫的主张。

基督教所宣扬的这种婚姻观与女性观迎合了当时罗马社会对于女性的批评,开始慢慢被罗马帝国上层所接受。公元4世纪,罗马皇帝下达命令,将基督教定为罗马的国教。基督教女性观开始与古罗马的父权制社会传统合流，重新将女性置于被规范和压制的地位。

公元476年，盛极一时的罗马帝国被四面八方合围而来的蛮族部落灭亡，欧洲进入长达千年"黑暗"的中世纪。基督教在罗马帝国灭亡之后存活了下来，并成为支配中世纪西方世界的主要力量。基督教女性观也在这之后长达千年的时间里，影响和压制着女性在西方社会中的权利与地位。

基督教的教士们从哲学、文学甚至医药学、生物学的角度出发，论证了女性的从属地位。在他们看来，女人是发育不健全的人，是人类正常生育中的例外。因此，女人是弱的、不完美的。同时，她们具有较低的理性，代表人类性欲的那一部分。因此，她们是恶的，是性引诱者。从而，女性必须服从于发育更完全、更具有理性、能够完整代表上帝形象的男性。

基督教的教士们继承了古希腊罗马的父权制思想，并为它们注入了神学理论根基。在这种思想浸淫下的中世纪西方诸国，女性自然是被排除在绝大多数社会活动之外的，基督教会的女性观再一次将她们关进了家庭的藩篱之中。

就中世纪西方女性的政治参与来说，她们中的绝大多数被排除在政治活动的范围之外。但就各阶层的情况来说，仍偶有不同。在中世纪，处于社会特权阶层的王室及贵族妇女，可以通过继承关系来继承其父或者其夫的行政权，但也只有在家族中没有男性继承人的情况下，女性才可继承。此外，她们还可以通过自己的丈夫或者儿子对政治施以影响。我们必须看到的是，尽管她们是处于社会上层的王室贵族妇女，仍然只能在没有男性继承人的情况下或者通过男性施以影响，而不能直接插手政治。

特权阶层的妇女很难参与政治，处于社会中层和底层的城市妇女与农村妇女就更难进入政治领域了。城市女性作为城市市民，已经能够拥有财产及人身安全权,并且能够以个人的名义管理自己的财产和土地,也有权签订合同。然而,她们仍然被排除在城市公共事务管理的范围之外,没有担任官职和议政的权利。农村女性同样受到参与政治的限制,在农村中,只有寡妇或者未婚妇女才能享有某些议政的权利。同时,在劳动力供不应求或者社会出现危机时,政府也会出台某些措施,给予农村女性一些权利以鼓励她们参与公共性劳动。

总之,中世纪的妇女在基督教女性观的枷锁之下,被重重封锁在家庭的藩篱之中,女性几乎没有任何参与政治的权利。我们在翻阅史籍时看到的中世纪某些出色的女性领导者,依然只是历史的偶然,她们仍然要依附于男性或者将自己装扮成男人的样子才能进行管理。我们可以说,在中世纪,女性没有政治权利可言。

从14世纪开始,欧洲逐渐走出中世纪的漫漫长夜,迎来了地理大发现、文艺复兴、宗教改革、科技革命等为人类世界带来翻天覆地变化的一系列革命性事件。然而,在此期间,依然鲜有改革家关注女性地位的变化与提升。女性参政之路的前方,依然布满了荆棘与坎坷,需要妇女们披荆斩棘,争取在政治参与上有一席之地。

第二节 "女性没有什么文艺复兴":近代以来欧洲女性的政治地位

11世纪之后,城市在以意大利为代表的西方沿海地区发展起来,人们的生活水平不断得到提高,传统天主教那种神权高于一切、主张人们禁欲的思想逐渐遭到越来越多城市市民与世俗知识分子的反抗。为了与天主教文化相抗衡,他们将目光望向古代希腊与罗马,从浩如烟海的古籍中寻找能够证明自己新主张的旧材料,历史学家们将这场"向后看"的运动称作"文艺复兴"。

文艺复兴重新确立了人在现世生活中的地位,主张个性解放,反对中世纪的禁欲主义和宗教观;提倡科学、反对蒙昧;肯定人权、反对神权。正是文艺复兴,将人类社会开始导向"人性"与"科学"发展的光辉时代。人的主观能动性得到肯定,地理大发现、工业革命、科技革命等改变人类生活生产方式的革命接踵而至。秉承其理念发展而来的宗教改革、启蒙运动不断地将人类从无知和蒙昧中解放出来……

然而,我们翻阅史料,却鲜少在这些光辉的历史时刻发现女性的踪影,或者莫不如说,她们有意地被男性从历史的进程中抹去了。与其说文艺复兴、宗教改革、启蒙运动当中"人"的解放与发展,倒不如更明确一点——"男人"的解放与发展。

文艺复兴时期,人文主义者虽然提倡人权、冲击神权,但是在对待女性的态度上,他们却基本继承了中世纪天主教的观点,甚至在某些方面,对妇女的束缚还有所加强。

在法律上,女性仍然没有被赋予"人"的权利,长期处于家庭男性成员的监护之下。在继承权上,也是男性优先,只有在家族中实在找不到男性继承人的情况下,女性才能够继承遗产。

从婚姻方面来看,同以往一样,在文艺复兴时期,婚姻仍然被看作政治与结盟的手段,为家庭生育子嗣和合法的财产继承人才是婚姻的最终目的。婚前,男性家长掌握着儿女婚姻的决策权;婚后,男性处于主导地位,主要职责为养家、指导妻子和儿女。而女性则处于从属地位,其责任在于操持家务、养育孩子并听从丈夫的教导。

随着文艺复兴后社会经济的发展与财富的逐渐积累,人们开始比之前更加强调女性的性贞洁。对新郎而言,最不能接受的就是在洞房花烛夜知道他的妻子并不是处女之身。当时的一句谚语道明了当时人们对此的看法:"在婚床上就算抱住一只刺猬,也不要去抱一个失去贞洁的姑娘。"与之相对应的,此时对女性的出行也出现了最严格的规束,1394年一位巴黎人为教导其妻子专门写下了《巴黎人的居家之艺》一书,书中写道:"如果你外出,就要端正头部,眼睑下垂而不眨,每走十二码抬头向前看,再低头走,不要盯着男人或女人,不要左顾右盼,不要眼睛朝天,不要和街上的人说笑。"我们从中能够看出当时社会男性对女性从生理到心理的压迫与规约,并且这种压迫与规约较之以前甚至有加强的迹象。

值得一提的是,在文艺复兴时期,欧洲传统的以家庭为基本单位的自给自足生产方式逐渐瓦解,资本主义雇佣关系开始出现。这种生产方式的转变,给了女性在家庭之外参与社会活动更多的选择。

这一时期的劳动妇女,开始进入富裕家庭做仆人、助产士或乳母。商业经济的发展使得商品交换在各地兴起,农妇们会将自己制作的黄油、奶酪、肥皂等拿到城镇上交换,有些妇女甚至还在城镇中开起了小店,售卖自己生产的物品。商业经济带给她们的转变也仅限于此,在更重要的经济发展领域——各商业行会中,人们仍然对妇女持有歧视态度。

综上,在文艺复兴这个"人的发现"时刻,女人们依然没有被"发现",她们在法律上依然被看作男人的附庸,她们仍然被局限于家庭之中,人们对妇女的家庭角色和定位及其要求比中世纪更为严苛。商业经济的发展使得妇女有了更多社会参与的选择,但与当时资本主义为社会经济带来的日新月异的发展相比,女性的社会参与几乎可以忽略不计。

人文主义者借助古希腊古罗马的文化来反抗传统天主教神学,而宗教改革者们则直接从堡垒内部——罗马天主教会的教条、仪式、领导和教会组织结构出发,全面反对罗马天主教,主张对《圣经》进行重新理解,反对罗马天主教的繁文缛节和禁欲思想,强调尊重人的价值与尊严,重视现世生活。

在这个意义上,宗教改革者与文艺复兴时期的人文主义者一脉相承,但宗教改革比文艺复兴更彻底地打击了罗马天主教的神权统治,瓦解了从罗马帝国颁布基督教为国家宗教以后由天主教会所主导的政教体系,打破了天主教的精神束缚,为欧洲资本主义的发展和多元化现代社会的形成奠定了基础。

令人遗憾的是,同人文主义者一样,宗教改革者也没有给予女性平等的地位。同时,宗教改革者对权力与秩序的强烈追求,也使得他们进一步将女性排除在社会公共生活领域之外,并进一步将女性禁锢在婚姻与家庭中。

新教改革者以批判中世纪天主教会的弊端而立足。在涉及婚姻和女性的问题时,他们将批判的目光对准了天主教会宣扬的贞洁和禁欲思想。新教改革代表人物马丁·路德认为,婚姻是男女双方的正当需要,婚姻不仅对个人而且对社会都具有积极的意义。基于此,他们主张解散修道院,让更多的女性从封闭的世界走向世俗社会。

然而,在肯定了婚姻的重要作用之后,新教改革者在女性的地位问题上却没有前进更多,甚至出现了倒退。马丁·路德曾经说过:"她们(女性)就是为了生育而被造的。"与路德类似,新教加尔文派也认为,妻子应当像服从上帝一样服从自己的丈夫,他们甚至还对女性的服饰、发式进行了进一步的限制。

新教改革者在改革之初,曾遭到罗马天主教会的极力反扑,他们联合西方各支持天主教的国家,对新教徒及其支持者们进行了最严厉的镇压。为了尽可能广泛地争取民众,新教领袖曾经积极争取并接受了女性对改革的支持。很多诸侯王国正是在其王族妇女接受了新教之后,使得整个国家改为信仰新教,她们之中的很多人还为新教徒提供了庇护,帮助新教改革者保住了改革的有生力量。在一些比较激进的新教教派之中,女性不仅是新教的热情拥护者,而且在新教中拥有和男人一样的地位和作用。

然而,新教改革者对女性的这种"宽容"态度并没有持续多久,当新教开始慢慢在各个国家站稳脚跟之后,新教各教派便开始了对女性活动的限制。许多城市不仅禁止女性讨论神学问题、担任任何公共职务,而且剥夺了女性独立参与宗教活动的权利。

从新教改革者对女性的态度来看,女性从未成为新教改革者关注的焦点,她们充其量只能算作新教改革者夺取斗争胜利的棋子。新教改革者将罗马教皇拉下了神坛,主张人人都可以解读圣经。但在追求世俗权力和社会稳定上,他们又同罗马天主教与各国统治者站在一起,女性再次成为牺牲品,成了需要被规约和限制的弱势群体。有人对此评价道,新教改革者将妇女从修道院解放了出来,但他们却将家庭变成了女性新的修道院。

西方女性的突围来自美国。18世纪前后,越来越多的西方民众,尤其是英国民众开始迁往美洲大陆。在这片充满未知的大陆上,劳动力的不足导致妇女在社会生产和生活中扮演了很重要的角色,有人甚至称殖民地时期是美国妇女史上的"黄金时代"。在这一时期,甚至有9个殖民地曾一度给予女性选举权。

在后来的美国独立战争中,广大美国女性也为战争的胜利做出了巨大贡献,她们或从事为军队服务的后勤工作,或组织抵制英货的活动,甚至有一些较为勇敢的女性女扮男装加入军队,直接参与对英军的作战。

独立战争时期的美国妇女,不仅为民族的独立与解放而斗争,而且为争取女性的权利而斗争。在战争进行中,来自北卡罗来纳州伊登顿的51名妇女联名起草了《伊登顿声明》,除了声称要抵制英货之外,还提出她们有权利、有责任参与当地的政治活动。我们在这份声明中看到了女性参政运动的萌芽,这在世界妇女史上也是史无前例的。

然而,妇女在战争期间的卓越表现并没有带给她们想要的参政权利。在

1787年费城的制宪会议上,当她们要求把妇女的选举权写进宪法时,却遭到了拒绝。原来那些赋予妇女选举权的州也重新收回了她们的选举权。美国社会至少在女性的参政权利上出现了倒退。

虽然女性没有取得选举权,但是战争之后,有关妇女的地位问题成为美国公众讨论的焦点:有关女性权利的书籍报刊开始在这一时期陆续出版,社会对年轻女性教育问题的讨论也逐渐增多。在这一时期,"共和国母亲"的提法出现,人们开始抛弃成见,肯定妇女具有美德和理性。

在肯定妇女贡献的同时,社会舆论依然将结婚生子看作女性的使命与归宿。而女子教育的最终目的也是使她成为一名贤妻良母,为国家的未来培养合格的公民。至于妇女在政治方面的权利,女性还需要通过一次次抗争才能取得。

在18世纪的法国,女性地位同样有所上升。她们中的一些佼佼者,甚至在决定了近代人类走向的启蒙运动中扮演过不可或缺的角色。在18世纪的法国巴黎,沙龙成为上流社会交流新书、研究语言、品评艺术的日常交际活动。后来随着启蒙文人的加入,沙龙里的内容也慢慢变成了新观念、新思想的交流与碰撞。任何一部作品要出版,想在社会引起轰动,就必须首先在沙龙里得到认可。孟德斯鸠正是在沙龙里完成了举世闻名的作品《论法的精神》。这些沙龙的主人与组织者,无一例外都是女性。

睿智而机敏的沙龙女主人,会定期邀请一些学者名士做客,就他们最近研究的问题或时局发表看法,一些慕名而来的知识分子也会被迎进沙龙的大门。沙龙成为法国言论自由的开端,包罗万象的交流内容也使得沙龙成为全国政治批评、艺术鉴赏中心。在沙龙中最耀眼的明星,无疑是主宰了整个沙龙进程的女主人们。

然而,启蒙时代女性对公共领域的统治并不真实代表当时女性在整个法国社会中的地位。启蒙诸子们在面对女性时的态度,也充满了自我割裂式矛盾。他们一方面赞赏女性的才能,另一方面又认为"女性低于男性"是由自然的生理因素造成的。卢梭在《爱弥儿》中的观点,代表了当时的启蒙学者对女性的态度。他一方面赞美和颂扬女性,另一方面却对传统的性别观念加以理论证明,为妇女创造了一套"有理可依"的新枷锁。

卢梭认为女性在自然生理上是低劣的,男人没有女人也能够生存,而女人没有男人便不能够生存;女性的教育应该顺从其"低级性别"的自然,服从男人就是女性的天职和应有的美德;女性因其智力的差异也不能担负艰深的理论探索和学术研究工作,妇女的作用应该体现在家庭范围内而不是社会领域内。卢梭的这种女性观几乎主宰了当时及之后很长一段时间法国社会对于女性的看法。

启蒙思想家们从人类的理性出发,阐发了有关自由、平等、公正、法制等一系列影响现代历史发展的新思想与新观点。然而,他们却没能破除千年来加诸妇女身上的枷锁,却从相反的方向加紧了这些枷锁。从这个意义上来说,启蒙运动只是男人们的启蒙运动。

启蒙时代所宣扬的"自由、平等、博爱"精神深入人心,也进一步激发了女性对提高自身社会地位、获得政治权利、平等参与社会事务的希望与决心。这种希望与决心,将在未来的法国大革命及之后女性的斗争中淋漓尽致地体现出来,并最终汇成一股妇女解放的潮流。

1789年,法国大革命爆发,巴黎市民们冲向并攻克了象征国王专制统治的巴士底狱。在愤怒的人群中,自然少不了女性的身影,她们拿起武器,加入了同男人一起战斗的队伍。在后来一浪高过一浪的示威游行中,女性也积极参与其中,甚至主导了某些示威游行。总之,女性在法国大革命中起到了非常重要的作用。可以说,没有女性的参与,法国大革命便是不完整、不彻底的。

法国大革命在废除了君主专制制度之后，制宪议会成了事实上的最高国家权力机关。1789年8月26日，制宪议会通过了《人权和公民权宣言》，提出了那句至今为人们所传颂的箴言："人们生来而且始终是自由平等的。"当时的法国妇女们似乎也从中看到了争取和实现权利平等的曙光，但在之后有关选举权的立法中，立法者们再一次忽视了女性的政治权利。他们划分出了"积极公民权"和"消极公民权"，只有拥有积极公民权的公民才享有选举权，而女性被划进了"消极公民权"的行列，参政议政再次成了为国家解放和妇女解放而奋斗的广大法国妇女的黄粱梦。

坚韧的法国女性并没有就此放弃对权利的争取，为了同这份"男人的《人权宣言》"相对抗，1791年9月，玛丽·古兹发表了《妇女和女公民权利宣言》，这是世界上第一个明确提出妇女政治权利要求的文献。它几乎采用了同《人权宣言》完全相同的形式与内容，但将其中的"男人""公民"等措辞都用"妇女""女公民"所取代。《妇女和女公民权利宣言》在前言中写道："对妇女权利的无知、遗忘和忽视是造成公众灾难和政治腐败的唯一原因""妇女生而自由，在权力上与男子是平等的"。

《妇女和女公民权利宣言》以高度的女性自觉，向这个国家的统治者们提出了女性对权利的最正当要求，也为迷茫不前的法国女性指明了抗争的方向。在该宣言发表之后，越来越多的女性政治团体建立起来，她们公开要求选举权，并要求获得同男性一样的权利。

法国女性自觉的抱团行动震撼了当权各派别，他们开始纷纷调转矛头，反过来镇压女性的"夺权运动"。政客塔列朗在议会的发言代表了当时绝大多数当权男性的看法，他说："不要把我们的生活伴侣培养成对手""共同的幸福尤其是妇女的幸福要求她们毫不向往权力和行使公共职务"。在这种社会背景之下，女性还未开始的运动就被无情镇压下去，男性统治者们甚至变本加厉地剥夺了她们原本已经拥有的权利。

  1793年10月,国民公会通过法令禁止了以任何名义建立的妇女俱乐部、妇女群众组织;根据国民公会的法令,"革命共和派女公民俱乐部"在1793年10月30日被封闭,3名妇女代表被送上了断头台处以极刑;1793年12月31日,国民公会发布的补充法令提出,妇女们只有在丈夫和孩子一起出席的情况下,才能参加社会活动;1795年5月,立法议会规定,妇女应待在家里,在公共场合超过5名的妇女群体应该被解散,必要时须强制执行;1799年雾月政变后,《拿破仑法典》规定妇女不仅没有任何政治权利,她们的法律地位也被剥夺,妇女在大革命期间获得的离婚权也难以行使。法国大革命期间妇女为争取公民权的斗争以惨痛的结局告终。

  从美国独立战争到法国大革命,妇女为民族独立、妇女解放做出了巨大努力与牺牲。然而,当革命稍有起色,当权男性便以社会稳定的需要为借口重新将女性关进了家庭的樊笼,甚至给它多上了几道锁。一次次的失败经验教训了西方妇女:男人,只可与之共苦,不能与之同甘。

  从文艺复兴到宗教改革再到启蒙运动,这些光耀千古的文化思潮推动了人类从蒙昧走向光明,但光明似乎从来都没有来到女性头上。西方女性身处的樊笼不仅没能被撼动,反而又被冠以新的不同种类、不同形式的枷锁。女性要想挣脱枷锁,看到男女平权的曙光,仍然需要不断地抗争与努力。

第三节 打破"他者"的枷锁:十九世纪以来欧洲女性的政治地位

  "男人和女人生而平等,他们都被造物主赋予了不可转让的权利,其中包括生命权、自由权和追求幸福的权利……"1848年,在美国第一届妇女权利大会上,《妇女权利宣言》的精神力量激荡在每一位参会女性被压抑已久的热血里，美国第一次女权运动的号角自此吹响。

美利坚大地上战斗的号角雄壮嘹亮，使其足以漂洋过海在欧洲搅动风云。受美国女权运动的影响，英国、法国、瑞典、芬兰等国家的女权运动纷纷开展。这一次女权运动和此前女性为了争取自身权益而展开的运动不同的是，此前的运动缺少独立性，常常和其他争取民主、自由的革命派混杂在一起。女人们和男人们一起为民主革命抛头颅洒热血，革命胜利后才惊觉原来为之献身的民主和自由与女人们无关，硝烟属于男人和女人，胜利却只属于男人。而19世纪中期开展的世界第一次女权运动中，广大女性不再是男人们的追随者，而是女性为自己的权利独立发动和领导的社会运动，欧洲各国女性旗帜鲜明地提出争取女性权利、要求和男人平等的主张。

第一次女权运动以中产阶级女性为主，此时贵族女性依然享有很多特权，无心为男女平权斗争，而工人阶级和农民阶级还在贫困线上挣扎，无心更无力为女性权利抗争。相较于20世纪掀起的第二次女权运功，这一次的斗争无疑是温和的，虽然其间也有打碎橱窗、烧毁信箱甚至闯入内阁攻击大臣等极少数激烈行为，但是还是以和平请愿和集会为主旋律，通过建立妇女组织、召开妇女大会、出版报纸刊物等形式积极发声。

第一次女权运动的核心在于争取选举权，因为广大女性意识到，要想争取男女平权、让女性获得更多本应属于她们的权利、提升女性福利和社会地位，选举权是关键。拥有选举权的群体，意味着在进行资源再分配时拥有更大的话语权。于是一道独特的历史景观出现了：无论是在英国诸岛的海岸线上，还是在法国大陆的山川湖泊旁，欧洲众多国家都流传着女性争取选举权的英勇故事。长期被家庭牢笼囚困的妇女们，越来越多地走出家庭，走向政治舞台。虽然此时舞台的中心对她们来说还遥不可及，但是踏上这个舞台本身就已经意义非凡。

在民主、自由越来越成为普世价值的历史潮流中,延续已久的父权制社会逐渐意识到不可能再继续忽视女性的权利以满足男性的性别特权。各国政府先后对女权运动做出回应,女性早应享有的合法权利终于得到了不同程度的实现。芬兰(1906)、挪威(1913)、丹麦(1915)、冰岛(1915)的女性获得了参政权,随后奥地利(1918)、爱尔兰(1918)、德国(1919)、卢森堡(1919)、荷兰(1919)的女性获得了政治选举权,瑞典(1921)、英国(1928)、西班牙(1931)、法国(1944)的女性也先后获得了完全的参政权利。① 这意味着向来由男人主宰的政治宫殿终于给女性打开了一道门,尽管这道门还狭小得可怜,女性要真正进入这道门并发挥作用还任重道远,但至少她们已经拿到了打开这道门的钥匙。正是在第一次女权运动所获战果的基础上,才有了之后撒切尔、特蕾莎等女性领导人的星光熠熠,虽然她们的星光还不足以照亮整片夜空。

除了选举权外,第一次女权运动还聚焦女性与男性同等的受教育权、自由工作和拥有财产的权利,并且得到了不同程度的实现,越来越多的女性可以在法律的庇护下接受教育、外出工作和拥有财产。虽然这些权利还受到各种形式的限制和阻碍,但是无疑女性已经在争取男女平权的道路上迈出了一大步。第一次女权运动开启了争取男女平权的先河,给几千年的父权社会撕开了一个缺口,如同冬日湖面上结下的厚厚冰层,先破开一个小洞,接下来更多的冰块就会由此处破裂消融。

一方面,第一次女权运动的呼声随着选举权等权利的实现而平息;另一方面,两次世界大战让女性暂时把目光放到如何躲过战火硝烟上。历史的吊诡之处在于,战争摧毁一切文明,却意外地给了女性一片更"文明"的天空——男性前往战场导致后方急缺劳动力,这次不用女性为自由工作权奋力抗争,欧洲

---

① 端木美,周以光,张丽.法国现代化进程中的社会问题:农民·妇女·教育[M].北京:中国社会科学出版社,2001:176-182.

各国政府相继出台政策,鼓励女性工作。1941年,英国政府甚至强制女性进行就业登记,将20岁到30岁单身妇女的信息编辑成册,让她们选择军工劳动或直接服役于军队①,这在战争之前的和平年代简直是不可想象的。此前,女性虽然在法律上获得了自由工作的权利,但是传统习俗对女性的惯性歧视力量强大,大多数女性还是被局限在家中,即使外出工作,也只能从事护士、文秘等有限的几个工种。而在战争期间,尤其是"二战"期间,当男性从各种劳动岗位转移到战场时,不仅参加工作的女性数量增加了,女性工作的范围也得到了极大的扩张,开吊车、做焊工、制造精密仪器、做股票分析等此前几乎被男性垄断的工作领域中都出现了女性的身影。事实证明,战争期间女性维持了生产,保证了各种岗位的正常运行,甚至做得比男性好。例如,英国农村妇女曾经组成"土地军",使农场获得了更大的丰收。

战争期间,女性获得了空前自由的工作权力,享受着用自己赚来的钱签下支票的经济自由感,甚至有人感慨"是战争解放了女性"。然而,战争时期终究是历史的非常态阶段,由此引起的一系列现象也难以持久。当"二战"结束后,女性权利矛盾再次变得尖锐起来。

战争结束,大量军人复员归来,"他们"需要工作岗位,"她们"就变得多余了。很多女性被解雇,被迫回到家中做起全职主妇。在男人们看来,"她们"出来工作只是权宜之计,要么是出于爱国主义情感支持国家生产,保证前线胜利;要么是生计所迫,当负责挣面包钱的男人上战场后,只能由女人来挣面包钱。现在,战争结束了,男人回来了,女人们该回家了。

一只小鸟,如果一直在笼子里从未见过森林,它可能会满足于笼子的舒适。可当它有一天在森林里尽情飞翔,享受了从落满晨光的树梢飞到长满果实的树干上的自由喜悦后,再让它回到笼子里,一切都变得不一样了。有些女

---

① 裔昭印.西方妇女史[M].北京:商务印书馆,2009:453.

性欣然回归家庭,把工作"还"给男人,但更多女性心有不甘,仅仅因为性别就可以随意解雇一个人吗?这也为第二次女权运动奠定了坚实的群众基础。

两次世界大战对于促进女性自我觉醒具有重大意义。战争期间女性活跃在各个岗位上,她们的生产力得到了前所未有的体现,很多女性此前并未意识到原来这些向来由男人把控的工作,女人也可以做得毫不逊色。女性群体关于工作的自信心和自豪感达到了前所未有的强度,她们对自身价值的认可和肯定也达到了前所未有的高度。这也在一定程度上使第二次女权运动开展得更为彻底、更为广泛。

"二战"后,一部分女性被迫放弃工作回到家庭,但越来越多的女性出来工作已经成为不可逆转的大趋势。随着工业革命的发展和战后经济的复苏,社会需要更多的劳动力。尤其是服务行业,为女性提供了广阔的就业空间。很多人认为是女性不断抗争、不断发声,才有了更多工作的权利和自由,这的确有道理,不过,反过来看这句话同样有道理。正是因为越来越多的女性有了工作,有了更高的经济地位,才让她们更有力量发声,在争取权利的道路上走得更加坚定、长远。

第一次女权运动取得了相当大的成就,女性几乎在政治、工作、财产等方面获得了和男性同等的法律地位。而这离真正的女性解放还相差甚远。在很多女性对当下取得的权利心满意足之时,1949年,西蒙·波伏娃的《第二性》一书仿佛一记重锤,击醒了沉醉在男女平权幻象中的女性。《第二性》将"女人是什么"的问题抛向大众并展开深入探讨,一经出版便引发轰动。此书被誉为"西方女性解放运动的《圣经》"[①]。

波伏娃在书中提出"女性不是天生的,而是造就的"。除了生理上和男性不同外,所谓的"女性特质"都是被社会化而形成的,不是女性与生俱来的。她

---

① 闵冬潮.国际妇女运动:1789—1989[M].郑州:河南人民出版社,1991:193.

提出,女性长久以来都是以男人为标准而界定出来的"他者",是缺乏自身主体性的存在,因为男人不是从女人本身,而是从男人的角度来界定女人的。男人是主体,是绝对,是评价和衡量一切的标准;女人是"他者",是被男人的标准衡量和塑造出来的"相对"。是占据统治地位的父权文化造就了男性和女性地位的不平等,而不是女性与生俱来的生理特征和所谓的"女性气质"。

此前女性虽然也在追求男女平权,但诉求往往是拥有和男人一样的权利,很多女性不自觉地以男性为标准来衡量世界和自己。真正的女性解放需要树立女性的主体意识,从"人"的普遍性标准来审视女性,而不是追求"和男人一样"获得权利,更不是在男人的标准框架中评价女性。

以波伏娃的思想为代表,美国和欧洲掀起了一股更为深入的女权主义思潮,发展到20世纪六七十年代,以越来越多的女性走向工作、获得独立收入为经济背景,这股思潮与其他激进思潮和大规模的民权运动相融合,多种因素合力按下了第二次女权运动的启动按钮。女权运动再次在欧洲风起云涌。

在第二次女权运动中,女性对女权的认识更加深入,欧洲各国普遍出现了对追随男性主流文化获得男女平等的传统女权主义的批判,转而提倡创造女性自己的文化。这意味着女性在追求平等的道路上自觉意识进一步得到提升,向真正的女性解放迈进了一大步。同时,这次运动中女性追求的权利日益广泛,并且深入到家庭领域,围绕生育权、堕胎权、性伴侣选择权等展开了深入、持久的斗争。她们的诉求在不同国家得到了不同程度的实现,但不可否认的是,女性离真正的女性解放、权利平等还有距离。至今,同工不同酬、各种显性和隐性的歧视和机会不均的现象依然存在。

在第一次女权运动女性获得参政权的基础上,第二次女权运动中女性在政治领域取得了更为深入的进展。这一次,女性不仅通过请愿、集会、游行等方式影响当权者,还直接走到权力的舞台上,更多地介入政党活动,直接谋求政治职位,试图走向政治权力结构的中心,通过获得权力而不仅仅是影响权力来进一步促进女权的实现。于是,越来越多的女性以更加积极的姿态加入政党并逐步提高女性在党内的发言权;踊跃参加各种政治选举,通过选票表达政治主张和愿望;积极参加竞选活动,谋求各级政府机构的职位;积极参与政府部门的决策,直接在政治权力中心谋求话语权。

第二次女权运动的大潮和女性参政相互促进。一方面,女性积极通过参政来促进实现更全面平等的女权;另一方面,女权的不断实现为女性争取到更为宽松的参政环境,帮助了更多女性从政。这一努力的成果日渐显现,欧洲政坛中从政女性的人数越来越多,担任的职位越来越高。这一成果从撒切尔夫人的经历中可见一斑。1959年,玛格丽特·撒切尔被选入议会;1979年成为英国第一任女首相。法国、德国、北欧诸国等欧洲国家的政坛中同样有越来越多的女性身影出现。

女性参政是复杂的社会历史进程。在封建王朝时期,虽然也有少数女性来到政治舞台的中心,但是她们的权力都是通过世袭父兄而来,常常是在家族缺乏男性继承人的情况下才将权杖交由女性。她们的权力依旧是封建制度下男权力量的体现,和现代意义上的女性参政相去甚远。只有当社会的经济、政治、文化等多种力量携手,让女性获得独立的主体地位,通过民选的方式获得公权力时,女性作为一个群体才真的在政治舞台上站稳脚跟。

一颗星体经过上万亿年的演化,才能有照亮夜空的刹那光华。女性从政治的绝缘地带走到舞台边缘,最终来到舞台中央,上千年的奋勇挣扎才让少数女性得以照耀一方政坛。翻阅为数不多的女性国家领导人的故事,她们每个人的经历似乎都充满了传奇色彩。当传奇一次又一次上演时,人们不得不惊叹,一个真正属于女性的时代正在来临。

第二章 信仰、权力、魅力与公共形象
——英国第一位女首相撒切尔夫人

第一节 打破预言:从杂货店柜台到唐宁街 10 号

"我不相信在我有生之年可以看到英国的女首相上台。男性的偏见太大了。"1970年,撒切尔夫人在接受采访时给出了她对英国政坛的预言。我们不确定当时撒切尔夫人是以怎样的心情斩钉截铁地做出这个预判,但可以确定的是,最终她亲手打破了这个预言,成为英国第一位女首相。

从格兰瑟姆小镇到伦敦,从杂货店柜台到唐宁街 10 号,撒切尔夫人在讲究阶级的英国社会完成了一次华丽的转身。

正如历史学家托尼·朱特所言,"从表面上来看,玛格丽特·撒切尔并不是她将扮演的这个革命性角色的合适人选"①。这个在英国政坛大放异彩的女人出生于英国肯特郡的一个宁静的乡间小镇格兰瑟姆,她的父母都是虔诚

---

① 朱特.战后欧洲史(卷三):大衰退 1971—1989[M].林骧华,等译.北京:中信出版社,2014:267-302.

的卫理公会派教徒,家里经营一个杂货店。撒切尔夫人从不掩饰父亲在自己身上留下的影响,毫无疑问,这个在当地的市政府有一席之地的保守党人同样有一个保守党的女儿。撒切尔夫人吸收了她父亲的特点:信念坚定,积极上进,努力工作,勤劳节俭,自力更生,按照自己的方式生活等。有学者认为这是"维多利亚时代的价值观",正是这种价值观影响了她之后的政治和经济哲学。撒切尔夫人在这家杂货店的柜台还学到了经济生活的事实:只买你能买得起的,把钱花在刀刃上,让每笔钱都最大限度地发挥作用……就是在这一方小小的柜台,她第一次感受到自由市场的魅力。

学生时代的撒切尔夫人获得了牛津大学的奖学金,跟随诺贝尔化学奖得主多萝西·霍奇金攻读化学专业,并且在读书期间担任过大学里的保守派社团主席。1950年,25岁的玛格丽特·撒切尔作为全国年龄最小的候选人,代表保守党参加大选,遗憾败北。她先是作为化学家进入一家食品公司工作,致力于研发冰激凌专用的乳化剂,后来成了一名职业律师,专门跟税务打交道。1959年,撒切尔夫人代表保守党盛行的芬奇利选区,当选为保守党下院议员。

父亲的政治信仰和学生时代的政治尝试深深影响了撒切尔夫人。在英国,政治一直是一个男性主导的领域,而撒切尔下定决心要在政坛做出一番成就。历史学家朱利安·克里奇莱把这场选举称为"农民起义"——对于保守党来说这是一场革命;对古老的英国来说,这更是一场革命。在成为首相之前,玛格丽特·撒切尔先是在重压之下,于1975年与时任保守党领袖希思对决后获胜,成为英国保守党历史上第一位女领袖、英国政党史上第一位大党的女领袖。

1979年5月的首相大选,让撒切尔夫人在艰难博弈中登上了权力的巅峰。

尽管撒切尔夫人一直以强硬形象示人,显得踌躇满志,信心十足,但实际上,在参加首相竞选时,玛格丽特·撒切尔的影响力十分微小。民众对她仅有的印象停留于她早年为了节省政府财政开支,曾下令取消小学生的免费牛奶供应——"噢,那个抢小学生牛奶的人?"所有人都在担心,今天撒切尔夫人抢走的是小学生的牛奶,明天她是不是也可以抢走成年人的福利保障?很少有报纸为撒切尔夫人说话,因为她实在太不符合传统英国社会民众对女性的印象了。评论家伯纳德·李文曾在《泰晤士报》断言:玛格丽特·撒切尔像爱德华·希思一样高傲自负、冷酷无情,如果选她当领袖,保守党就犹如刚跳出爱斯基摩人的冰窖又跌进冰川一样,没有任何意义……撒切尔夫人绝不是一位能让人浮想联翩的政治家。

更大的压力来自英国政界。尽管议会制发端于英国,但英国女性的参政权直到1918年2月6日才被正式写入法案,此时男性已经完全掌控英国议会200余年。撒切尔夫人的出现可谓是对英国男性政治家的极大挑战,一个出身于中产阶级家庭的小镇女性,居然如此明目张胆地站出来抢男人的政治席位!这是向来保守的英国政界所不能容忍的。

撒切尔夫人并没有因此退缩。诚然,她也会焦虑不安,跟即将参加考试的女儿卡罗尔袒露心扉;但一旦进入工作场合,面对英国公众,她便将脆弱通通收好,她坚定地认为,她的党和祖国需要她:"我是一个真正的保守党人,我相信保守党人可以把英国治理得比任何人都好……保守党向左转变的幅度太大了,现在的保守党人好像没有谁具有我的那种思想和理想……我出来竞选对于我们国家是至关重要的。"[①]

撒切尔夫人很清楚性别将成为她参政路上较大的阻力之一,但同时,她也很清楚,政治所需要的理性、自信、坚定、正直、诚实……并不是男性所特有的性别气质,而是一种人类共有的美好品质。在回答记者的提问时,撒切尔夫人

---

① 刘建飞.撒切尔夫人传[M].北京:东方出版社,1998:266.

不胜感慨地说:"我始终念念不忘的,是父亲那正直诚实的品德。他教导我必须首先寻求我的信仰,然后把它付诸实践,在关键问题上不要妥协让步。"①撒切尔夫人将自己的女性特质与从父亲那里学习到的美好品德相结合,逐渐改变了公众对她的印象,获得了报界的支持,最终站到了英国政界的高峰。

为了改变自己过于强硬的公众形象,她曾专门请人帮忙矫正嗓音,让原本尖锐的发音趋向柔和。她在公开场合经常佩戴珍珠项链,形成极具特色的个人风格,并在一次保守党卡尔顿俱乐部的晚宴对那些攻击她穿着打扮的报纸回敬道:"我真不明白,我为什么就不能佩戴这串珍珠项链。这是我丈夫送给我的礼物。"同时,她又给同她亲近的媒体提供更多机会,拍摄了大量令人难忘的照片。②

早年的经历让撒切尔夫人对报界毫无好感,但舆论导向在选举过程中的作用不容小觑,撒切尔夫人便开始挖空心思争取舰队街编辑的支持。当时掌握报业话语权的人,多是些大男子主义的人,和她的保守党同僚一样,他们对女性领导保守党甚至领导英国忧心忡忡。此外,保守党原来的领袖希思在报界触角极深,这些编辑中不乏他的支持者。为了打赢这场硬仗,撒切尔夫人干脆就主动去跟编辑们交往。她一有空就出现在报界的午餐聚会上,邀请编辑们共进午餐,大胆、直接地跟他们讲述自己对保守党的看法和打算,并再三表达自己希望能带领英国复兴,让这个国家如同巨人一样站起来的伟大抱负。在千篇一律的空洞、宽泛的政治宣言中,撒切尔夫人显得尤为真诚而务实。她推心置腹、直截了当、毫不哗众取宠,时而娓娓道来、真挚动人,时而斩钉截铁、气魄十足,两者巧妙地融为一体,这让她渐渐获得了报界的好感和支持。

---

① 郑文阳,郝火炬.撒切尔夫人传:政坛铁娘子的传奇人生[M].北京:人民日报出版社,2013:32-34.
② 范登伯尔.要么爱她,要么恨她:英国人眼里的撒切尔夫人[J].高艳平,译.社会观察,2013(5):74-76.

专门写政治随笔的弗兰克·约翰逊在《每日电讯报》上称撒切尔夫人有一对"铁酒窝",具有不鸣则已、一鸣惊人的才能。也正是凭借着自己的伶牙俐齿和大方自信,撒切尔夫人在辩论中将她最大的对手希思逼入绝境:"有些财政大臣精通经济学,有些财政大臣通晓财政学,而这位财政大臣却对什么都一窍不通。他昨天所作的答辩使我们感到愕然,这样一位对税收制度和议案一知半解的人,怎么能够当上财政大臣,又怎么能够代表政府发言呢?如果这样的人可以做财政大臣,那么,下议院里的任何人都可以当财政大臣了。我原来以为,这位可敬的先生至少可以当众谈谈他所提出的那种做法的实际效果,因为它影响到每个人,包括像我这样一个生来就没有任何特权的人,但我还是失望了。"希思无言以对,下议院同僚以及新闻界人士纷纷为撒切尔夫人热烈喝彩,原本支持希思的人逐渐倒戈。

撒切尔夫人回忆起这次竞选投票,仍然心有余悸:"我们早知道双方的票数会很接近,但在进出大厅投票时却无法确定究竟有多接近。我望着那些可能会决定结果的游离票投票人的面孔,工党议会党团领袖则恳切地游走于中立议员间,因为他们的选票可以把工党推向胜利高峰。"事实上,第一轮投票日前一天的民意测验结果仍然对撒切尔夫人很不利,它显示全国还有70%的保守党人赞成希思留任。在第一轮投票日,撒切尔夫人的竞选办公室认为最多只能获得122张选票,这个票数只够同希思打成平局。出乎意料的是,撒切尔夫人最终在第一轮获得了130票,领先希思11票。她被这个意想不到的结果惊呆了。而希思已经开始动手起草辞呈了。

这并不代表着最终胜利,谁又能保证一星期后的第二轮投票没有黑马杀出呢?虽然最大的竞争者希思已经垮了,但是选举中依然暗流涌动,危机四伏。

巧合的是,撒切尔夫人迎来第二轮投票当日,她的女儿卡罗尔也迎来了两门考试。在即将各自奔赴战场的前夜,母女俩促膝长谈。

"你以为我不紧张吗?我也感到紧张。"撒切尔夫人用同病相怜的语气安慰女儿。

"那你认为你会获胜吗?"卡罗尔问道。

"我不知道能否得到足够的票数。"面对女儿,撒切尔夫人坦诚地表露了自己对选举结果的不确定。①

第二天,在选举正式宣布结果之前,耳语充斥整个议会大厅,好像永远不会停止。撒切尔夫人的议会党团领袖低声告诉她预测的结果,撒切尔夫人没作答,努力保持镇定。最终,撒切尔夫人在正式选举中获得146票,取得压倒性胜利,许多原本支持希思的人都转而投入了她的阵营。

这早已经超越了撒切尔夫人原本的目标,她过去的最高理想不过是当财政大臣。"对我来说,这犹如一场梦。"撒切尔夫人不敢让自己沉迷太久,在庆功宴结束之后,和丈夫丹尼斯开车回到福乐街的路上,她已经开始思考下一场战争了——1979年的英国正处于旋涡的中心,美国、德国的经济腾飞使其进一步失去世界资本市场的话语权,而高福利的对内政策让政府财政岌岌可危。总而言之,长期的经济不景气、社会主义和苏联强大的威胁是新任首相接下来的烫手山芋。从撒切尔夫人的个人回忆录中可以看出,她对接下来的挑战感到很兴奋,且信心十足。她等待这个时刻已经太久了:"这些问题我们都已想过、谈过、写过、争论过,如果未来几个星期顺利的话,我们终于能亲自处理了。"那天,撒切尔夫人深夜才回家。她的最后一个念头是:骰子已丢出去了。我们已为大选和未来的执政做好准备,如果诚挚的努力有回报的话,我们就不会失败。然而,最后还是只能尽人事、听天命。我们可能成功,但这是强求不来的。有了这个念头之后,她安然入睡。

---

① 刘建飞.撒切尔夫人传[M].北京:东方出版社,1998:286-290.

第二节 重拾荣光:"铁娘子"绝不妥协

1976 年,当时还不是首相的撒切尔夫人曾在一次演讲中抨击苏联:"当我们把一切放在大炮前面时,他们却把大炮放在黄油前面。"苏联《红星报》毫不客气地回敬她为"铁娘子"——为人处世一味模仿男人,强势刚硬,霸道专横,咄咄逼人。

撒切尔从不认为自己在刻意模仿男人,但她坦然承认自己在政治上的果决强硬。果敢坚毅、霹雳手腕从不是男人的特质,女性领导人同样可以拥有壮士断腕的勇气和一往无前的刚毅,只要这个国家需要。她就好像一艘张满帆的船,在风起云涌的英吉利海峡中劈波斩浪,志在以强者姿态带领英国重拾荣光。

自 20 世纪 70 年代以来,英国陷入困境:昔日的世界工厂失去了工业竞争力,通货膨胀和经济停滞一同降临;百姓的生活难以为继,工会转而支持工人罢工,以要求更高的工资。无论是工党还是保守党,三届政府为推进英国现代化所做出的努力,都相继宣告失败。他们都无法限制工会运动,无力控制飞涨的物价,更别说让英国重拾荣光。因改革失败而被迫下台的工党首相詹姆斯·卡拉汉当时无奈地说,但凡他还年轻,他必定选择移民、离开英国。

然而,撒切尔夫人说:"你要妥协由你,我绝不妥协。"

萨奇勋爵将撒切尔夫人的政治哲学概括为:自由市场、小政府、低税收、独立自主、个人主义和自决权。最能代表撒切尔主义本质的是"打破国家干预"。在英国,所谓的"不可统治性"是一个被普遍接受的观念,即政治阶层已失去控制能力,他们不但无力制定经济政策,而且对工厂和社会秩序也束手无策。到 20 世纪 70 年代末,关于这个观念的讨论日益增多,担忧重重。工党一直被指责无力掌控经济,从 1978 年 12 月到 1979 年 2 月期间,发生了一连串工人抗议行动,以至于这一时期被称为"不满的冬天"。撒切尔夫人急切地想建立一个自由和金钱密不可分的社会,将英国从"欧洲病夫"的泥沼中拉出来。她的经济思想带有强烈的古典自由主义倾向,亚当·斯密的著作对她影响颇深。她在回忆录中写道,在哈耶克和弗里德曼之前,亚当·斯密是"自由企业经济学最伟大的倡导者"。她决心把政府变成那只"看不见的手",在法律和经济方面提供一个"稳定的框架"。重要的是,在这个框架内,家庭和企业可以自由行动。自由企业创造了全社会的利益,因为财富就像潮水,企业掀起浪潮,一艘艘船就会随之而起,整个英国社会就能重新焕发活力。①

对于如此大刀阔斧的改革,英国政界的议员和英国社会的普通民众是难以接受的。每一次在议会的讨论,都是一场针锋相对的唇枪舌剑。在准备答询时,撒切尔夫人总是非常谨慎。那些公式化议案不足为惧,真正具有挑战性的是"奇袭"②,其中涉及的问题可能从地方医疗到国际大事或犯罪统计……撒切尔夫人和她的幕僚们必须对可能提出的各相关点提供事实与预案,这对阁员的随机应变能力和效率都是一大考验。要在这种场合保持岿然不动,回答得滴水不漏是不现实的。然而,撒切尔夫人却渐渐对这种极富挑战性的拷问越来越有自信,她在回忆录里甚至为此感到高兴:"如此一来,我的表现也就更有效果。有时我甚至还会喜欢接受质询呢!"

撒切尔夫人的出色表现,吸引了一大群野心勃勃的政治新人归其麾下。在选择秘书时,撒切尔夫人通常要亲自和应征者会谈。她回忆说:"来的都是非常聪明的年轻男女,有雄心壮志,想在政府决策中心谋职,我希望有活力和

---

① O'SHAUGHNESSY M. The lady turns back: the Thatcherite discourse on Thatcherism [J]. Atlantis, 1996,18(1/2):295-305.
② 出其不意地攻击敌人,指议会辩论时带有强烈所指的临时提问。

行政热忱的人担任部门的高级主管职位。"撒切尔夫人在人事上多考虑人才的能力、冲劲和热忱，并以此来做决定，政治忠诚并不是她的必要条件。她认为，英国政界长期以来养成的旧习、恶习，积重难返，已成为行政上的障碍，"我必须有所革新，否则无法促使行政效率提高"。

促使撒切尔夫人下定决心的是1980年5月6日那次特殊的晚餐。原本撒切尔夫人满心欢喜，邀请了23位来自各部门的高级事务官与她共进晚餐，想着要借此契机，跟大家开诚布公地谈一谈，就算意见不合也无所谓。然而，那场晚餐仿佛一场灾难，即使在多年后回忆起那晚的场景，撒切尔夫人仍然很生气："当天这种满是抱怨和消极态度的情形，让我倒尽胃口，再也不敢举行这种餐会。这场晚宴是在我向下议院宣布裁减公务员的前几天举行的，因此才引发所谓大臣破坏公务员'士气'的怨言……在未来10年内英国公私机构的改革风潮中，希望公务员不受波及实在是空想。我宁为玉碎，不为瓦全。我知道越年轻有为的人就越支持我，因此，为了公平起见，当晚才让一些高级事务官在场。他们和我一样震惊，却一个个都变成缩头乌龟。于是我更清楚，只能靠一个个去鼓励和命令，别期望改变全体的态度，才会有所进展。"①

这正是撒切尔夫人在日后改革中所秉持的态度。

几次交锋过后，那些保守党的老爷们不敢再小瞧她，但那些还没见识过撒切尔夫人厉害的媒体以及外国对手显然低估了她。撒切尔夫人的强大和自信把他们气得跳脚，他们破口大骂，说她冷漠、恶毒，处处模仿男人，是不折不扣的"铁娘子"。她却坦然接受了这个原本带有戏谑甚至侮辱色彩的绰号，并用实际行动向全世界宣告：刚强果断并非男人才有的品质，经济和政治不是男人的特权！有人说她的名声就像是专横的女校长。"那有什么错吗？"她曾经反问道，"我求学时曾遇到两个女校长，她们有清晰的信条，并且知行合一，在她

---

① 撒切尔.撒切尔夫人回忆录：唐宁街岁月[M].呼和浩特：远方出版社，1997：18-19.

们的领导下,学生们都受益匪浅"。

然而,想要从强大的外国对手和苛刻又毒舌的媒体那里获得尊重并非易事。

冷战贯穿了撒切尔夫人的政治生命。在她上任之时,两极格局已经有了新的发展苗头,英国所面对的不仅是美、苏两大巨头,还有逐渐成长的欧共体和远方的中国。长期以来英国所奉行的"孤立主义"原则无法再保全这个偏居一隅的岛国,而近在咫尺的爱尔兰又是一颗不定时炸弹,随时可能发难。在这样艰难的局势下,撒切尔夫人毫不犹豫地进入了国际政治的暴风圈。

在当首相之前,撒切尔夫人就曾到苏联、美国、德国、以色列等国家访问,她很喜欢这样有趣的游历,但成为首相之后,出国就成为具有外交意义的大事。

尽管英国已于1973年加入欧共体,但在这个德国和法国携手攒起的局里,英国只是一个后来者。德、法的亲密关系持续加深,欧共体内部的干涉主义甚至是联邦主义始终流行,对于英国这样一个历来与欧洲大陆保持距离的国家来说,加入欧共体就已经是一个巨大的突破。撒切尔夫人很清楚自己在把英国引向哪里:"我们坚持建立使每个人更自由的欧共体制度,绝不容许制度官僚化。如果这个制度不能扩大自由度,就该接受批评改进。我必须令人信服地维护英国在欧洲的地位,同时准备在对英国真正重要的问题上与大多数人抗衡。"

除了顶住重重压力联合欧洲外,撒切尔夫人还努力与大洋彼岸的里根建立起亲密的盟友关系。在撒切尔夫人看来,里根的当选意味着美国要恢复作为世界领袖的自信心了,她"愿尽一切能力支持里根的策略,以赢得冷战"。撒切尔夫人虽然喜欢使用"游击战术",剑走偏锋,不按常理出牌,一边制造烟幕,一边在烟幕的掩护下悄悄施行自己真正的想法,但无论面对怎样强大的政要,她的态度始终明朗而强硬。"我们早已知道20世纪80年代将是困难且险阻重重的10年。虽然有危险和阻碍,但我相信潮流已顺着我们了,一些国家已认清苏联的野心和苏联生活的实际情况。西方盟国已下定决心,而美国新的领导班底,更使自由世界的信心大增。"在撒切尔夫人的概念里,她和里根总统不仅仅是在保卫西方,更是在为"自由而战",他们的事业"不仅是政治或经济上的,也是精神上的"①。

历史给了撒切尔夫人一个意想不到的机会,让她在其早期首相生涯即将结束之时,就以胜利者姿态来面对外国对手和英国民众。

马尔维纳斯群岛(英国称"福克兰群岛")之战让撒切尔夫人进一步向她的偶像丘吉尔看齐。1982年阿根廷军政府从英国手中夺取偏远的马尔维纳斯群岛时,尽管她的高级军事顾问明确表示,"我们没有完全的把握收回这些岛屿",但撒切尔夫人毫不退缩。英厄姆说:"她绝不允许英国受人摆布,特别是受军事独裁者的摆布。"在英厄姆的回忆里,马尔维纳斯群岛之战是撒切尔夫人三届任期内最紧张的时期:她否决了外交部专家警告她"反击很危险"的意见;她对英国公民在阿根廷面临危险却难以获得联合国安理会的支持而感到愤怒;她甚至不惜与她最重要的盟友里根发生冲突。当外交失败时,她不顾各方反对者的强力警告,在重压之下,直接派遣了一支军事特遣部队登陆马尔维纳斯群岛。

撒切尔夫人写道:"我们捍卫的是我们国家的荣誉,捍卫的是对全世界都极其重要的原则——最重要的是,侵略者永远不应得逞,国际法应凌驾于武力之上。"撒切尔夫人不能允许侵略者"统治女王的臣民,并以欺诈和暴力取胜",如同"二战"时期的丘吉尔,在这一刻她成为英国民族精神的化身,她在电视上

---

① 艾特肯.撒切尔夫人:权力与魅力[M].姜毓星,罗小丽,译.重庆:重庆出版社,2016:517-522.

说:"我捍卫自决权,我捍卫我们的领土。"①

后来的历史事实证明,马尔维纳斯群岛之战成为英国"二战"之后的一个重要转折点,扭转了苏伊士运河危机所暴露出的英国颓势——当时,由于美国主导的对英镑施压,英国军队不得不撤出埃及。撒切尔夫人在回忆录中写道:"自 1956 年苏伊士运河事件惨败以来,英国的外交政策一直处于一个漫长的退路……福克兰群岛的胜利改变了这一点。"战争的胜利也使撒切尔夫人的政治命运焕发出新的生机——1983 年,她在下议院的多数席位增加了两倍,获得了压倒性胜利。

凭借超高民众支持率,撒切尔夫人成功连任,在大刀阔斧的改革中一路高歌。

撒切尔夫人着手颠覆了数十年来的自由主义学说,成功地挑战了英国的福利国家和社会主义传统。在这个过程中,她也逐渐成为左翼知识分子的眼中钉。这是一场对英国经济和政治格局的重塑,其影响一直持续到今天。

想要认识撒切尔的政治哲学和经济思想,看看她那个标志性手包就知道了。

1975 年,当撒切尔夫人在准备进行保守党大会的首次领导人发言时,有一位演讲稿撰写人试图通过引用亚伯拉罕·林肯的话来为她添彩:

"你不能通过削弱强者来让弱者变得强大;

你不能通过省吃俭用变成富翁;

你不能通过打倒老板来帮助员工。"

当撒切尔夫人看到他写的这段话时,她笑了,并从手包里拿出了一张旧报纸,上面赫然印着的正是林肯这番话。"我到哪儿都带着它。"撒切尔夫人说

---

① 撒切尔.撒切尔夫人回忆录:唐宁街岁月[M].呼和浩特:远方出版社,1997:101-141.

道。这正是对撒切尔夫人经济思想的恰当总结。她认为,社会应该鼓励冒险家和企业家并且予以奖励,这些人凭借自己的力量创造了财富,政府如果没有这些财富就无法完成任何工作,更不用说去帮助弱者。只有鼓励人们储蓄、量入为出,国家才能富强;她认为穷奢极侈(更糟糕的是借贷)是通往毁灭的道路。国家富强、经济自由是撒切尔主义的实质。

撒切尔政府选择向最有权力的工会——全国矿工联盟开战。

1984年3月1日,全国煤矿委员会宣布关闭约克郡的柯登伍矿坑,激进的矿工工会约克郡支会领导人断然宣布罢工。撒切尔夫人看得很明白,柯登伍事件或许是造成大罢工的诱因,却不是真正原因。一旦工会领导阶层决心要反对矿坑基于经济因素关闭,罢工就无可避免,除非煤矿委员会准备放弃对煤矿业的有效控制。即使柯登伍事件从未发生,委员会与各矿坑工会之间在同年3月6日举行的一场会议也会造成同样结果。因此,撒切尔政府在煤炭储备充足的时期关闭了数百口大大小小的矿井。警察从全国各地开往北方,维持罢工的秩序;矿工们在警戒线上与警察发生冲突,但无法击败撒切尔夫人,他们没有得到任何让步就返回了工作岗位,那些被迫回去工作的矿工,因妥协而遭受严厉的惩罚。人们始终不能忘怀撒切尔夫人在1984—1985年的煤矿业大罢工中所持的强硬立场:在那次罢工中,她击败了煤矿工人,最终成功推翻了英国工会的权力。

接着,撒切尔夫人马不停蹄地推动了英国产业私有化之路。作为首相,她卖掉了一个又一个国有企业:英国电信、英国天然气、劳斯莱斯、英国航空、英国煤炭、英国钢铁、水务公司和电力分销系统。她为她的政府在公共住房私有化中所扮演的角色感到自豪,这些私有化动作将租户变成了房主。最终,伦敦金融业起死回生。正是因为这个原因,她受到自由市场保守派人士的尊敬。

他们表示,经济重组带来了繁荣,使伦敦成为纽约作为全球金融中心的竞争对手。①

尽管撒切尔夫人在不列颠的声望高涨,但她在北爱尔兰非常不受欢迎。

长期以来,撒切尔夫人视爱尔兰共和军的成员为恐怖分子和罪犯,不给他们任何政治地位,也不容许他们做任何宣传。媒体可以采访爱尔兰共和军,但广播和电视播出采访时,必须由播音员来为他们配音。1984年10月,爱尔兰共和军在保守党举行大会的酒店策划爆炸案,企图刺杀撒切尔夫人。

在那个看似平常的晚上,撒切尔夫人正在为保守党代表大会上的发言稿忙得人仰马翻。

凌晨2点40分,这份讲稿初步完成,几位撰稿人终于收拾东西各自回房睡觉;她的幕僚在最终检查过后准备打印定稿,并着手准备自动提词带。撒切尔夫人则继续处理其他公务。

2点50分,罗宾·巴特勒来到了房间,与撒切尔夫人讨论利物浦园艺节的相关事项。

2点54分,一声巨响震动了整个房间。经过几秒钟沉寂,又有不太一样的噪音响起,这是由土石砖瓦落下所发出的声音。

撒切尔夫人在回忆录中写道:"我马上知道这是一枚炸弹——或许是两枚,大的之后接着一枚小的——但这时我还不晓得爆炸是在旅馆内发生的。客厅窗户上的玻璃全掉在地毯上,我心想这可能是从外面来的汽车炸弹。和客厅相邻的浴室受损较严重,但就算当时我在里面,最糟也不过是受到较轻的割伤。那些想杀我的人把炸弹放错地方了。"这时,他们之中没有任何人知道旅馆的损坏程度,更不知道有没有人死伤。侍卫们尽全力检查饭店周遭是

---

① BRUSH L D.Understanding the Welfare Wars: privatization in Britain under Thatcher[J].Berkeley journal of sociology, 1987(32):261-279.

否安全,唯恐会有第二枚炸弹会在他们四处逃生时引爆。

3点10分,撒切尔夫人一行开始成群离开。这时撒切尔夫人才从饭店大厅及门口满地的瓦砾中感受到这次爆炸有多严重:空气中尘灰四布,她不得不从被丢弃的私人物品及破碎家具中一路跋涉到饭店后门,灰尘沾满了她的衣服,甚至还跑进了她的嘴里。

这场爆炸案最终造成5人丧生,30人重伤。面对大家的好意劝阻,撒切尔夫人坚持按照原计划在第二天发表演说:"不行,我要留下来。"她一夜未眠,飞快地洗澡、换衣服、祷告,吃了些早餐,喝了很多黑咖啡就直接去了会议中心。

9点30分,当她站上讲台时,会场的席位只坐满了一半,严格的安全检查拖慢了人们进场的速度。经历了恐怖暗杀的撒切尔夫人毫无畏惧,她按照原计划,发表了振奋人心的讲话。全场鼓掌喝彩,声势惊人,大家都为自己还活着而庆幸,也为这个悲剧而哀伤。撒切尔夫人决心要让恐怖分子看到,他们无法击垮她的精神,无法击垮英国的精神:"这次炸弹攻击……不仅企图扰乱及终止我们的代表大会,也企图使经由民主选出的政府瘫痪……此刻,我们聚集在这里,虽然震惊,却依然镇静且坚定。这正足以显示不但这次攻击已经失败,恐怖主义摧毁民主的所有企图也都将失败。"[1]

这样的勇气,连她的敌人都不能不尊重。

撒切尔夫人在"不满的冬天"上台,面对一片狼藉的英国,她始终报以无畏的勇气、坚定的信念和必胜的决心:"这个国家面临的可能是我们这个时代最具考验性的危机——极端分子和其他人之间的战斗。我们一如既往地为了弱者去对抗强者,我们正在为伟大美好的事业而奋斗。我们正在为保卫他们而战,抵抗那些奋起挑战他们的人和邪恶力量。本届政府不会软弱。这个国家

---

[1] 撒切尔.撒切尔夫人回忆录:唐宁街岁月[M].呼和浩特:远方出版社,1997:262.

将迎接这一挑战。民主会获胜……如果我们失败了,自由就会受到威胁。因此,让我们抵制一时心软之人的甜言蜜语;让我们无视极端分子的咆哮和威胁;让我们站在一起履行我们的职责,我们不会失败!"

对于一贯保守、温和的英国政界来说,撒切尔夫人的强势激进显得异常特立独行,再加上她的女性身份,不少人认为她简直"惊世骇俗"。然而,如果没有这样的信心和勇气,要如何在内忧外患之时,面对这一地鸡毛,一步一步带领英国人民重振国民经济,重现往日辉煌?如果没有这样的实力与魄力,她要如何对抗保守、对抗传统、对抗外来的侵略力量,捍卫自由与和平?人人唤她"铁娘子",无论这个称呼里有多少真心实意,又有多少嫉妒嘲讽,撒切尔夫人都坦然地接受了,并把它作为自己政治形象的一部分。尽管这个标签给她带来了无数非难,但撒切尔夫人从来不认为果决刚毅和强硬手腕是男人的特权,她真正认同和接纳自己的性别和职业,并用实际能力告诉世界:本夫人绝不妥协。

第三节 双面魅力:强硬首相的迷人之处

撒切尔夫人性格中的力量因素和对抗性让人印象深刻。和她同时代的许多人一样,这有很大一部分是由她童年时期的创伤事件所塑造的——"二战"爆发时,她的家乡是德国空军轰炸的早期目标之一。战争让她过早认识到了对抗的必要性,张伯伦的步步退缩和无止境的"绥靖"给英国带来的灾难始终是她心里的一道疤,她的偶像是在战争危机中重新燃起国民信心的丘吉尔。

正面对抗,绝不退缩,是撒切尔夫人的领导特质,但这绝不意味着处处模仿男人。实际上,英国传统的女性观念在撒切尔身上同样展现得淋漓尽致。尽管每日公务繁忙,但就像每一个维多利亚时代的普通妇女一样,撒切尔夫人总会记得给家人准备晚餐,即使来不及亲手烹饪,也会在街上订购一些方便食品。工党和左翼总是指责她"冷漠""狠毒",但她一直佩戴的珍珠项链,是她的丈夫在他们的双胞胎宝贝卡洛尔和马克出世的那天送给她的礼物,她深深爱着自己的家人。

如果把眼光从撒切尔夫人激烈的辩论中移开,去问问她办公室的工作人员,而不是她的政敌,你就会发现一个不一样的首相。一位在财政大臣办公室工作的普通文员说,撒切尔夫人经常把正式会议上没有动过的三明治和蛋糕带给办公室里帮忙的职员,她善良体贴又平易近人。对于身边因为遭受不幸与痛苦而处于人生低谷的人,她都会自然而然地流露出同情和关怀。

"铁娘子"这个原本带有反讽意味的绰号把她性格中温柔的一面彻底掩盖掉了,事实是不论有多少负面的言辞,温柔的关爱都是她的天性之一。

乔纳森·艾特肯是撒切尔夫人一家的老朋友,他说:"我曾经几次在一些小事上感受到这一点——对我教父塞尔温·劳埃德临终时的关心;我住院期间收到的几个善意的便条;照顾艾瑞·尼夫的遗孀戴安娜;给其他一些生病的同僚送去鲜花和信件;当中央总部的工作人员出现家庭问题,比如孩子生病的情况下,坚持要他们休几天假……她冷漠的首相形象具有其政治方面的合理性,但在个人层面上她是具有关爱精神的。"另一位长期接触撒切尔夫人的媒体人也说:"跟平时的公关形象不一样,私底下的撒切尔夫人非常温暖。她有很大的魅力,而这种魅力是无法在公共场合展示的。大多数人很难看到它,但这不代表它不存在。我们很难在政治中看清一个完整的人,政客们总是有各种各样的限制和担忧,而撒切尔夫人可以说是我见过的最坦诚的政客了,她从不当面一套背后一套。如果你们有机会私下跟撒切尔夫人接触,肯定会感受到她更大的温暖和魅力。"①

撒切尔夫人并不是在刻意模仿男性,她只是很清楚自己身上既有所谓的男性特质又有所谓的女性特质,并将它们最大限度地利用起来。对于男性和女性的刻板印象都不足以框住这个聪明又野心勃勃的政治家。

如果把撒切尔政府和希思政府相比,我们会发现,两届政府在早期所推行的政策有很多相似之处。为什么当时名不见经传的撒切尔夫人能把成熟的希思赶下台?这当中很大一部分原因在于希思没能坚持到底,当经济状况再次崩溃,各方压力逐渐加大时,他在一些政策上发生了动摇,失去了奋斗到底的勇气,从而让整个局面出现一百八十度大转弯。撒切尔夫人自始至终坚持不懈,直面困境和责难,最终渡过了难关,获得成功。

在某种意义上,我们确实可以说她比希思走运一些,正好遇上马尔维纳斯群岛战争、工党衰落,还在连任选举中大胜,但更主要的原因还是在于她的坚定信念和不妥协的作风。当然,这在某种程度上也归功于她作为女性的直觉,她总能说出并且敢于说出很多英国人感觉到但没有说出来的问题。拿破仑曾经说过,充当他的元帅的首要条件就是必须具备女性的直觉和运气。女性的直觉用一种更理性的话语来说就是敏锐的洞察力。

撒切尔夫人把这种所谓的"女性直觉和运气"与她的强硬性格结合在一起,这一点给传记作家奥登留下了很深的印象。他长期跟随撒切尔夫人出席各种活动,并对她进行采访。奥登在一次电视访谈中直言:"她对自己这种女性气质和强硬态度都有所了解,虽然我不认为它在她的脑海里完全得到了平衡和解决。作为一个被要求处于这种男性状态的女性,她知道自己必须坚强,她也确实很强硬。这并不意味着她没有女性化特质,她非常强烈地认为她是

---

① 艾特肯.撒切尔夫人:权力与魅力[M].姜毓星,罗小丽,译.重庆:重庆出版社,2016:341-344.

女性化的……撒切尔夫人内心一直有一种拉扯的想法，她其实很有女性魅力，但她不希望这种魅力让自己被误认为是个弱者；同时，她又特别爱好军事，性格强势，和那些士兵们一起去视察坦克对她来说都没有问题，她是军队的坚强支持者，军人们也很喜欢她。她在坦克上自然得几乎就像是在自己家里。"[①]

摩尔是撒切尔夫人的女婿，他在谈及撒切尔夫人时也认为她在政治生涯中一直在利用长期以来社会和政界对女性的文化假设和偏见：在1975年当选为保守党领袖后，她便有意促成评论家们达成共识，即她是"一个迷失的小女孩"，告诉盟友"她是一个体弱的小女人，需要像他们这样的强壮男人的帮助"[②]。

人人都记住了撒切尔夫人在马克维纳斯群岛受到威胁时，毫不妥协，悍然出兵，却很少有人知道她如何与各方势力周旋，甚至为之落泪。

撒切尔夫人收回这些岛屿的决心使她与原本亲密的盟友里根发生了不可避免的冲突。里根迅速派遣国务卿亚历山大·黑格前往伦敦和布宜诺斯艾利斯执行任务，寻求和平解决方案。此时，英国军舰已经在撒切尔夫人的命令下向马尔维纳斯群岛全速前进。

美国外交官吉姆·伦奇勒保存的一份私人日记记录了撒切尔在这个危急时刻的生活。

伦奇勒亲昵地称呼撒切尔夫人为"玛吉"，"她出现在小餐厅旁边一个装饰着鲜花的沙龙里，喝着橙汁和雪利酒"。他情不自禁地在自己的私人日记里赞美道："撒切尔夫人真的很迷人，她身穿深色天鹅绒两件套服装，配以罗缎绲边和柔软的发型，让她金色的标志性英国人发色显得更加鲜艳。"

然而，随着讨论的深入，餐桌上分歧愈加明显。

[①] OGDEN C.Maggie: an intimate portrait of a woman in power[M].New York: Simon and Schuster, 1990.
[②] MOORE C.Margaret Thatcher: from Grantham to the Falklands[M].London: Vintage, 2013.

伦奇勒写道:"她的脸涨得通红,声音中带着越来越强烈的愤怒。她斜倚在擦得锃亮的桌子上,断然拒绝了我们第二阶段的表述,她称之为'可悲'。"

不用说,黑格的"和平"使命很快就失败了,里根亲自与撒切尔夫人通了电话。在电话里,撒切尔夫人情绪激动,说话磕磕绊绊,竟显现出一些天真的执拗。

她说:"我已经失去了一批最好的船只,甚至也失去一些最好的生命……我不可能在阿根廷人不撤退的情况下,签署停火协议并悄悄离开……"

里根试图安抚她:"玛格丽特,据我所知,这是其中的一部分……"里根试图勾勒出巴西的和平计划,他呼吁停火,阿根廷撤军,并在争议岛屿上部署第三方维和部队。

撒切尔夫人甚至有了哭腔:"我不会交出……我现在不会交出这个岛。"她坚持说:"我不能牺牲我们士兵的生命,把这些岛屿交给别人……这绝不可能!"

此时的撒切尔夫人十分脆弱,情绪很不稳定。英国士兵和海军人员在马克维纳斯群岛被杀;她最疼爱的小儿子在参加一场汽车拉力赛时失踪,下落不明,生死未卜;向来与她并肩作战的美国总统里根也在外交上向她施压。尽管她一直在控制自己,但一想到马克维纳斯群岛遇难的士兵和水手,一想到那里有她的男孩们,他们正在死去,她就无法控制自己的悲愤。面对这样的撒切尔夫人,一向强势的里根也不得不心软,他在电话那头败下阵来,逐渐改口道:"是的,好吧……嗯,玛格丽特,我知道……"记录这次秘密电话交谈的记录员最后写道:"里根再一次向撒切尔夫人的魅力投降。"①

---

① GLOVER-JAMES I.Falklands:Reagan phone call to Thatcher(urges ceasefire)[N]. Sunday Times,1992-03-08.英国的其他几家报纸也发表了类似文章,参见《独立报》和《卫报》,1992年3月9日。2016年,里根图书馆(Reagan Library)公布了这篇文章的全文。

毫无疑问，撒切尔夫人魅力十足。在欧洲和美国，私下表示认为撒切尔夫人性感迷人的政治家简直多得令人惊讶。弗朗索瓦·密特朗对此十分了解，他曾形容她有着"卡利古拉的眼睛和玛丽莲·梦露的嘴唇"。的确，这个在政坛叱咤风云的女人有着一头光滑的金色卷发和可爱的娃娃脸，笑起来时眼如弯月，甚至还能看得到酒窝。她的强硬手腕比得上丘吉尔以来任何一位英国政治家，但她同时懂得使用温婉的说服策略。

撒切尔夫人对时尚很敏感，她十分擅长利用自己的形象作为政治筹码。

奥登回忆说："我认为撒切尔夫人的生活里98%都是政治，而另外2%真正让她感兴趣的主题就是时尚。她一直非常支持英国时装设计师，喜欢高级时装，为能够买到符合心意的衣物而雀跃。她对自己买的衣物非常挑剔，很有自己的风格。或许她过去看起来有些邋遢，但不管怎么说，她对自己的外表越来越感兴趣。她进行过节食，花了很多时间在饮食调整上，还花了很多时间化妆。她现在看起来比11年前上任时要好得多。起码她在外在形象这一方面茁壮成长。她穿得好看多了，有时看到她，我几乎觉得她美得令人吃惊。"①

撒切尔夫人有意识地把自己塑造成国家精神的化身，她几乎是"本能地"相信这些国家价值观，就像她的偶像丘吉尔一样。"就像大多数女性一样，我对服装产生了浓厚的兴趣"，她后来在回忆录中坦白，"但我给公众留下什么样的印象对于政治场合来说也是非常重要的"。在描述她为竞选所做的准备时，她说："在决定穿什么衣服时，我们总是注意国旗的颜色。"而当她去波兰访问时，她特地选择了一条绿色的裙子。在波兰，绿色代表着希望，她希望借此给波兰人民留下好印象，成为希望的象征。撒切尔非常了解她的形象，并将服装作为一种权力工具。尽管在她当政的年代，她不是一个常规意义上的潮流引

---

① Chris Ogden 在1990年7月1日接受美国有线频道c-span的访谈[EB/OL].(1990-07-01)[2022-10-22].http://www.booknotes.org/Watch/12968-1/Christopher-Ogden.

导者,而更偏向复古风格——20世纪80年代的标志性"力量装扮"。像许多政治家一样,她创造了一种个人风格来投射政治价值观。

她在一定程度上追随时尚趋势,但"将其与风格参考相匹配,以强调她的保守主义价值观",泰南博士解释道:"凭借'力量装扮',她可以塑造精明干练的职业女性的形象,以配合她领导者的名声。当然,她有时也会选择'软化形象的衣服',这就是她穿着带有蝴蝶结的女式衬衫的原因。这是非常传统的女性气质。温柔的蝴蝶结衬衫与侵略性力量套装有时会有些许冲突。"这是撒切尔形象的悖论:她一直试图体现保守的价值观,同时也试图维护她作为女性的权利。然而,保守主义并不一定包容女性掌权。撒切尔夫人的衣橱所代表的是女性领导人通过保守主义意识形态获得权力的矛盾,这种意识形态限制了社会中更广泛的女性权利,这种限制在撒切尔夫人的努力下逐渐松动了。色调沉静而保守的蓝色是撒切尔夫人的衣橱里反复出现的颜色,1987年她在布莱克浦参加保守党会议时就选择了蓝色羊毛雅格狮丹套装。雅格狮丹是英国的传统品牌,享有绝对的国民度:"穿上雅格狮丹,她试图代表某一方面的英国特色。"①

如今,撒切尔夫人的风格已经是时尚界的热门风格了,在经历了所有血汗和泪水之后,她的风格被认定为一种潮流宣言,无论是服装设计师还是模特都对她赞不绝口。时装策展人威尔·考克斯认为:"作为一个处于男性主导环境中的强大女性,撒切尔夫人将她的衣橱作为激发信心和显示权威的战略工具。她了解图像的力量,尤其是在媒体驱动的世界中,激励全世界的女性领导者效仿她的榜样。"时尚偶像马克·雅可布说:"这一季的设计主题是发现玛格丽

---

① GANDER K. Fashion, women and power-dressing: Margaret Thatcher's impact on clothing [EB/OL]. (2016-12-18) [2022-10-22]. http://www.independent.co.uk/lifestyle/fashion/margaret-thather-clothes-dress-suits-power-dressing-fashion-impact-women-victoria-and-albert-museum-a7480026.html.

特·撒切尔式的性感。"在 Zara、Hennes 和 Topshop,她的直筒裙和猫咪蝴蝶结正被女孩们从条条框框和陈规偏见上扯下来。尽管对她们来说,撒切尔夫人已经是历史人物了。然而,因为她,也只有她,千千万万十六七岁的女孩在成长过程中知道了,在这个国家没有任何工作是她们做不到的。虽然今天她们只是穿得像她,但明天……谁知道呢?

1979 年至 1990 年间,玛格丽特·撒切尔强硬攻势和温和战略并用,一次次说服广大英国选民和她一起进行政治革命。

撒切尔主义将自己呈现为一场摩尼教式的自由与真理之战,它大声疾呼,希望英国重温"二战"的"光辉时刻"。这位铁娘子扮演了丘吉尔的角色,同时又声称自己很平凡,以保持自己的平民主义魅力。撒切尔夫人选择直接走向人民,而不是通过媒体。她擅长打破常规,在所有人都记住她的丘吉尔式宣言和演讲后,又保持平凡,以一种"可敬的女性"的形象出现,就像瓷器一样,精美别致又端正。

撒切尔夫人从没有忘记她的平民出身,她把自己塑造成一个坦率、诚实的中间人,这是她具有吸引力的重要基础之一。她尽其所能地用浅显易懂、平易近人的口头语言来和人们交谈,保持着和普通民众的直接接触。在重大事件发生的关键时刻,如在宣言(与人民的契约)、公开会议(她对此表达了强烈的偏好)、电视演讲中,她也是如此。

她在政治生涯的早年关键阶段就确立了自己的平凡性。她写道:"我的背景和经历与传统的保守党首相不同……我在一个既不贫穷也不富裕的家庭长大,因此能够得出这样的结论——我觉得我不需要一个翻译来向说同一种语言的人讲话……我觉得我们过着同样的生活是一个真正的优势。"对于大多数政客而言,有一种不可忽视的风险,即当选后与普通民众之间的这种自然而然的亲和感将会消失,政客原本的"亲民性"将被权力机构所吸收。

然而,撒切尔夫人的叙述清楚地表明,这种风险并没有给她造成威胁,因为她一直恪守并标榜着自己的"平凡"。当选首相后的撒切尔夫人一直生活在唐宁街10号,但她从未忘却幼年时她住在父亲的杂货店。她不止一次地提到她的小镇童年和她父亲的柜台,她从父亲的生意中学到了很多东西:"以前我总读一位伟大的自由主义经济学家的书,我知道我父亲账户里的道理和自由市场的道理是一样的。它们都像巨大而敏感的神经系统,应对各种事件来满足来自不同国家、不同阶层、不同宗教的人民不断变化的需求。"她在回忆录中写道:"在接下来的40年里,英国经济史证实了我父亲那个小杂货店里包含的实用经济学内容。实际上,我在很小的时候就具备了重建经济的分析工具。"①

尽管作为首相的撒切尔夫人始终在女王、保守党和工党以及各国之间斡旋,她仍会时不时地提到自己熟悉的理发师和裁缝师,把自己塑造成一名"普通"女性。撒切尔夫人承认,她的成功在某种程度上得益于她的性别。她经常重复的一个观点是:"英国的妇女从来没有过一位与她们心灵相通的首相。妇女们所了解的事情同男人们所知道的事情是大不相同的。凡是懂得管理家务问题的妇女,都比较容易懂得管理国家方面的问题。"她这番话通俗有趣,又很在点子上,能引起绝大多数人的共鸣,这使支持保守党的力量从总体结构上发生了变化。在后来的大选中,保守党虽然失去了5%中产阶级的选票,但增加了8%劳动阶层的选票,而后者以前是从来不支持保守党的。

这种铭刻于心的平凡以及同普通英国民众的亲近感始终存在于撒切尔夫人身上。当她最后一次离开唐宁街时,她写道:"克劳菲擦掉了我脸上睫毛膏的痕迹。"当她描述马克维纳斯群岛战争的最后时刻时,她既是人民的领袖,又

---

① METCALFE L. Conviction politics and dynamic conservatism: Mrs. Thatcher's managerial revolution[J]. International political science review, 1993(10):351-371.

是人民的一员,这一点或许得到了最强烈的肯定。她把那里的士兵称呼为"我的男孩",她还说:"和其他英国人一样,我也喜欢听收音机。"

透过那些大刀阔斧的社会经济改革、暗流涌动的国际外交交锋和惊心动魄的极端袭击事件,我们总能从撒切尔夫人身上看到那个小镇姑娘的影子。作为女性,她在领导力上有着天然优势,她从不像保守党的那些老爷们一样高高在上,而是直接和人民站在一起;她讨厌外交家那些虚头巴脑的说辞,直接跟里根通话表达自己的痛苦和不妥协;她把对时尚的敏感和政治结合在一起,有一张可爱娃娃脸却喜欢穿上风格干练的套装,但不忘给自己一个蝴蝶结作为点缀。撒切尔夫人与其他女性政客所不同的地方,在于她有能力利用这些看上去是弱点的特征,并将其转化为优势。因此,女性和母亲的身份以及娇小甚至脆弱的外表,都变成了她在政治上的加分项。詹金斯的一项研究甚至认为,她之所以能成功访问拉丁美洲,是因为她长得像贝隆夫人。具有讽刺意味的是,许多研究表明,大多数女政客都很反感大家聚焦于她们身上的女性特质,甚至因此唉声叹气,希望媒体和其他政客认真对待她们的工作,忽略她们的性别、年龄、长相、家庭和时尚感等。在男性主导的政治游戏里,撒切尔夫人彻底反转女性的性别劣势,把自己的女性特质、亲和力、敏感度和魅力化作最有力的政治筹码,塑造出独特的政治风格,给英国社会带来新风。

第四节 体面退场:英国人民不会忘记撒切尔

1990年11月22日,撒切尔夫人宣布辞去英国首相一职。从很大程度上来说,不是英国民众抛弃了她,而是她的政党抛弃了她。

在担任首相的最初几年里,撒切尔夫人面对欧洲共同体的好战风格在英国很受欢迎,各色小报的鼓吹将这种仇视不断放大,引发了保守人士的共鸣。

然而,到她1988年在布鲁日发表演讲时,许多部长已严重怀疑这种对欧洲发展采取持续消极态度的做法是否明智。撒切尔夫人和她的幕僚们在英国是否要加入欧洲货币体系一事上分歧巨大,艾伦·沃尔特斯爵士在1989年拒绝再担任她的兼职经济顾问,她的外交大臣奈杰尔·劳森也在同年10月辞职,撒切尔夫人元气大伤。紧接着,保守党议员安东尼·迈耶爵士开始向她挑战保守党的领导权。

一年后,在1990年10月下旬的欧洲理事会上,撒切尔夫人面对的是一个决心加速欧洲一体化并迈向单一货币的共同体。她始终如一地反对它,甚至在回答问题时已经有些许失态,她对雅克·德洛尔提出的一些宪法建议不屑一顾,只喊了一声:"不!"在兴高采烈的反对派的对比下,撒切尔夫人显得有些狼狈。此时,民意调查显示,撒切尔夫人的支持率已经跌到了1989年以来的最低点,甚至有人认为她是近50年来最不受欢迎的首相。

1990年11月1日,杰弗里·豪爵士的辞呈比奈杰尔·劳森的辞呈更伤撒切尔夫人的心。他是撒切尔夫人的内阁里仅剩的元老,从她第一次组阁就坚定地跟她站在一起,却因为首相对欧洲的强硬态度而突然辞职。他的个人辞职声明震惊了下议院,下议院对撒切尔夫人的批评如潮水般涌来,说她在欧洲事务上就是"噩梦般的形象"。1990年11月21日晚上,撒切尔夫人单独会见了她的大多数内阁成员,但他们毫不留情地粉碎了她继续执政的希望——大多数人告诉她,在第二轮投票中,她将冒着被羞辱的风险,即使赢了,也无法让大家重新团结起来。据说,一些内阁成员甚至表示:"要么你辞职,要么我们辞职。"

然而,即使是撒切尔夫人的政治对手也不得不承认,鉴于她以往的惊人政绩,要让她下台实非易事。她在下议院没有失去任何信任投票。她带领她的政党连续三次赢得大选;她没有在大选中落败。即使她是被自己的党派议员所废黜,他们中的大多数人也在大部分时间里都顺从而忠诚地为她效命。鉴于她在政治上的巨大成功,这似乎有悖常理,但英国政治就是这样,它像一个大摆锤,无论偏离出去多远,总要摆回来。撒切尔夫人带领这个国家在过去几年的艰难岁月里突进,把整个英国社会发展的节奏转得飞快。现在,到了摆锤归位、节奏放缓的时刻了。

撒切尔夫人对人头税的坚决辩护和对欧共体的反对态度使她的政党同仁们逐渐停下了脚步,面对越来越大的阻碍和压力,他们选择放弃。1990年3月在特拉法加广场发生的骚乱几乎让现场演变为一个燃烧的战场,这让许多保守派人士相信,撒切尔夫人在首相之位待得太久了。"一个明智的领导人怎么能让1300万人缴纳他们从未缴纳过的税款呢?这只是表明她不再以理性的方式思考。"保守党出身的官员戴维·梅勒在英国广播公司的一部纪录片中如此说道。对议会中的保守派来说,这是一个生存的问题。他们担心复仇心重的选民会在下次选举中把他们赶下台,对许多人来说,这种担心可能胜过了他们对这位长期领导人的感激之情。

1990年11月22日中午,新的保守党领袖提名人选必须提交。此时撒切尔夫人已经决定撤回提名。她致电给白金汉宫,女王的私人秘书通过电话收到了通知,然后在当天上午的例会上将这一决定告知了议会;最后,她在唐宁街10号发出了一份新闻公告,这个消息震惊了全世界。在这份公开声明中,撒切尔夫人表示,她辞职的原因是为了保证她所在政党的团结,以及保守党在下一届大选中获胜的前景。如果她站在一旁,能够让内阁同僚更好地进入领导层的投票,那她愿意退到一旁。约翰·梅杰和道格拉斯·赫德在截止时间前获得了提名。与此同时,撒切尔夫人会见了女王,亲口对女王说:"一旦我的政党继任者当选,我就会辞职。"撒切尔时代实际上已经结束了。

1990年11月28日,撒切尔夫人辞去了首相职务,约翰·梅杰接替了她的位置。骚乱8个月后,撒切尔夫人强忍泪水离开了唐宁街。她依旧体面,砖红色的套装上点缀着一枚小巧别致的闪亮别针,她戴着那条最钟爱的珍珠项链。对于撒切尔夫人活跃的政治生涯来说,这是一个痛苦的结局——她的家人说,即使在几年之后,她内心仍然存在强烈的背叛感。

对于崇拜者来说,撒切尔是一位救世主,她将英国从废墟中解救出来,为经济复兴奠定了基础。对于评论家来说,她是一个无情的暴君,开创了一个贪婪的时代,将弱者踢到街头,让富人变得肮脏富裕。"让我们不要自欺欺人,她是一个非常分裂的人物",撒切尔的新闻秘书伯纳德·英厄姆说,"她是一个真正的强者。她十分热爱这个国家,她提升了英国的国际地位"[①]。不管你是爱她还是恨她,这个统治了英国11年辉煌岁月的铁娘子将她的意志强加给了一个岌岌可危、破败不堪的国家——她给工会以重击,在遥远的战争中胜利,并以创纪录的速度出售国有工业。当同僚将她从唐宁街10号赶下台时,她的确留下了一个更精干的政府和更富裕的国家。

你可以不赞同撒切尔夫人的激进手段,不喜欢她的强硬态度,但没有人可以否认她在英国乃至国际政坛上所取得的惊人成就。她一边平衡自己的女性身份,一边在政坛里奋勇向前,她远比自己当初所想象和期望的走得更远。在西方世界,有关女性所遭遇的性别不平等的隐喻比比皆是,这些框架和束缚在政治和科学领域表现得尤为明显:"草坪天花板"(grass ceiling)是有形的,在高尔夫球场边打球边谈生意是男人的专有权利。一些私人高尔夫俱乐部甚至禁止女性在周末早晨等高尔夫高峰时段去打球——政治是男人的专有权利。然而,撒切尔夫人成为保守党领袖的那一刻,无异于夺过了球场上最引人注目

[①] KATZ G, BARR R.Margaret Thatcher iron lady transformed Britain[EB/OL].(2013-04-08)[2022-10-22]. https://www.csmonitor.com/World/Latest-News-Wires/2013/0408/Margaret-Thatcher-Iron-Lady-transformed-Britain.

的那根高尔夫球杆;"玻璃天花板"(glass ceiling)是无形的,由于性别歧视,女性在职场里想要晋升就会遇到无数无形壁垒——在刚上任的那些日子,保守党和舰队街的大老爷们对撒切尔夫人可算不上友好;即便好不容易进入了政界,粘胶地板(sticky floor)也会把大部分女性粘在原地,许多女性自身的特征如生理期和怀孕问题、家庭等因素妨碍了其有所成就——即便撒切尔夫人已经是英国首相了,她也要操心家人的晚餐,努力做一个好妻子、好妈妈。

这些因素累加在一起,就造成了"漏管道"(leaky pipeline)的局面,最初有大量的水注入管道中,但在向前流动的过程中大部分水渐渐漏掉,仅剩很少一部分坚持到最后——并不是女性天生对政治不感兴趣,而是现有的政治体系完全不给女性提供安全感和归属感。细数百年来参与英国政界的女性,她们走到议员这一步已经筋疲力尽,就连撒切尔夫人以前也不敢奢望成为首相。

"玻璃悬崖"(glass cliff)的隐喻似乎最贴合撒切尔夫人的境遇。所谓"玻璃悬崖",指当局势危急之时,女性容易被分派到棘手的高风险任务,但即便她们在危急时期冲破"玻璃天花板"晋升到高级职位了,她们当中很多人却发现自己正站在悬崖边,随时可能坠落。撒切尔夫人就是如此。面对席卷全球的金融危机,工党被赶下台了,保守党原领导人希思放弃了,而她一个默默无闻的女性,却敢于迎难而上。她在议会的唇枪舌剑中杀出一条血路,在工会的强烈抗议下有力地推行改革,在国际社会的利益博弈下坚定地捍卫英国的利益。自1982年以来英国经济保持了8年的持续增长,劳动生产率和经济效益显著提高,商品竞争力增强,持续18年的财政赤字从1987年起开始转为盈余,英国终于甩掉了"欧洲病夫"的帽子。同时,英国的年通货膨胀率由20世纪80年代初期的近22%降至80年代中期的不到4%。撒切尔夫人强硬的外交态度也成为英国外交发展的重要转折点。在冷战不断升级,国际秩序岌岌可危之时,她借助英美特殊关系和英国在北约与欧共体中的地位,利用东西方关系从紧张转向缓和与美苏调整政策的时机,在欧美之间和东西方关系中扮演某种中间人和调解者的角色,发挥了超出英国实力的影响和作用,使得英国的国际地位和影响得到了明显提高。卡梅伦曾评价说:"她让不列颠再次变得伟大。"她带领这个日渐没落的帝国一点点地拾起往日荣光,却在一切都好转之后被迫黯然离场。

回溯英国千百年来的历史,每当政局动荡、民生凋敝之时,似乎总会有一个强势的女性挑起这个国家的重担,带着破釜沉舟的决心来掌舵。从伊丽莎白一世、维多利亚女王、伊丽莎白二世到撒切尔夫人,一位位杰出的女政治家,在历史变革的十字路口推动英国向前跃进。尽管撒切尔夫人已经离场,但英国人民永远不会忘记她曾带来的勇气和信心。就像撒切尔夫人永远不会忘记11年前,她第一次赢得大选后的情景:"人群一路涌向唐宁街,一直延伸到白厅。丹尼斯和我下了车,向他们走去……当我们转向摄像机和记者时,欢呼声震耳欲聋,街上没有人能听到我说的话。我引用了圣方济各的一句著名祷词,开头是'哪里有不和谐,我们就带来和谐',其余的引文经常被遗忘。圣方济各祈求的不仅仅是和平。祷词继续说,'哪里有错误,哪里就有真理。凡有疑惑的地方,愿我们带来信心。哪里有绝望,哪里就有希望'。"①

---

① 撒切尔.撒切尔夫人回忆录:唐宁街岁月[M].呼和浩特:远方出版社,1997:2.

第三章 可持续发展与女性领导群落
——为什么是北欧

第一节 世界第一位女总统:维格迪丝·芬博阿多蒂尔

1980年6月,在名不见经传的北欧小国——冰岛,传出了一个让世界为之震撼的大消息:冰岛人选出了世界上第一位女总统。

维格迪丝·芬博阿多蒂尔,这位冰岛及世界首位女总统的名字开始频繁出现在世界各大报纸的版面上。人们迫切地想知道,这个北欧国家的女性凭什么打破传统,"闯进"被男性占据绝对优势的领域。

然而,人们惊讶地发现这位当选总统、改写历史的女人,尽管人生阅历丰富,此前却从未涉足政治。甚至连她自己都没有想到,她能当选为总统。她回忆说:"我也是第二天在看报纸时才得知自己成为冰岛总统。"[①]当总统,是她做梦也没有想到过的事情。

在当总统之前,芬博阿多蒂尔是冰岛国家剧院院长。任职期间,她引入了

---

① 谈闻.冰岛首位民选女总统:维格迪丝·芬博阿多蒂尔[J].现代交际,1995(11):44-45.

不少在当时看来很时髦的戏剧表演,令冰岛的文艺气氛异常活跃。她还兼任了电视台的节目制作人,负责整理和记录国家的文化和历史。这位剧院院长的语言天赋同样令人印象深刻,她在国家电视台主持法语教学节目,还将萨特和尤涅斯库的作品翻译成冰岛文。

这位女总统出身于书香世家,其父亲芬博伊·索尔瓦德松是冰岛大学的教授;母亲爱丽克斯多蒂尔是护士,不仅长期担任冰岛护士协会主席,也是那个年代已有名气的妇女解放运动的积极分子,还曾在1961年率冰岛护士代表团访问中国。

芬博阿多蒂尔拥有丰富的人生阅历与教育背景。1949年,19岁的芬博阿多蒂尔高中毕业后,只身一人赴法国求学,先后在格勒诺尔大学和巴黎大学学习了4年的法国文学和戏剧。回国后,她当了5年图书管理员,同时当起了国家剧院剧目编辑,负责编写戏剧介绍。之后,芬博阿多蒂尔又继续在冰岛大学学习英文和英国文学,接着又去了丹麦哥本哈根大学和瑞典大学深入学习戏剧。读完戏剧的芬博阿多蒂尔回国做了教师,在冰岛首都雷克雅未克的中学和大学教法语和法国戏剧史。丰富的留学背景与全面的知识体系,是她担任国家剧院院长与国家电视台主持人的底气。

虽然这一切依然与政治无关,但是,女性当选总统还是在冰岛发生了。让一位文艺界的知名女性担任总统,在彼时的世界政坛,只有冰岛能做到。

在寒冷的冰岛,文艺被视作生活中十分重要的组成部分。他们的图书阅读率居世界前列,人们热爱读书和文艺活动。在这里,艺术家、作家都会受到人们崇高的礼遇。因此,让一位文艺界人士来担任总统,并不会出乎冰岛人的意料,只是他们没有意识到这位率先胜出的文艺界人士会是位女性。

彼时风起云涌的女性政治运动帮了芬博阿多蒂尔的忙。受到西欧女权运动的影响,冰岛女性亦决定"揭竿而起",通过罢工来争取更多的权利。1974

年,冰岛女性组织起全面罢工,并于1975年在雷克雅未克举行了大规模游行活动。她们要求冰岛社会予以女性更多关注,为她们提供更多行使政治权利的渠道和方式。

其实,冰岛自古以来便有"民主政治"的基础。930年,冰岛出现了全国范围的议事会——"阿尔平伊"(Alpingi)。在1800年议会被取缔之前,冰岛议会一直实行一院制。1845年,冰岛议会得到恢复。1849年以后,冰岛议会成为国家摆脱丹麦统治的象征。1874年,丹麦国王允许冰岛在国内事务中实现自治。在启蒙运动和法国大革命的影响下,北欧国家的基本宪法原则基于本地区的传统,在国际宪法的理论和实践指导下得到了充实。冰岛的宪法一直以丹麦和挪威的宪法为基础,在民主政府的领导下,冰岛实现了国家的独立。随后,冰岛通过宪法的不断修订,深化了民主进程。

妇女参政权在此过程中亦有一定程度的拓展。19世纪末,冰岛建立起第一个妇女组织,通过妇女组织以及有组织的政治活动,拓宽了女性参政道路,妇女组织的影响渗透到政党斗争中。1908年和1911年,冰岛已婚女性和单身女性分别取得投票权;1922年冰岛议会中开始出现女性,其中女性比例达到24%。[①] 女性议员的出现,在冰岛妇女们看来只是表面上的"胜利",并没有在根本上改变人们深层意识中对女性参政的看法。

20世纪60年代,当第二次席卷西欧的女权运动爆发时,冰岛女性意识到又一次为自身争夺更多权利的时机来了。她们通过罢工游行来主张自己的政治权利。持续的冰岛女性罢工游行活动,同样震撼了整个冰岛社会。冰岛人终于意识到,如果这个国家的女性不参加工作,整个国家会瘫痪一半。

在此背景之下,维格迪丝·芬博阿多蒂尔顺势而为,宣布参选总统。她的女性身份使得罢工中的女性颇受鼓舞。芬博阿多蒂尔彼时作为国家电视台主

---

① 韩冬杰.北欧女性参政特色及形成原因分析[D].石家庄:河北师范大学,2016.

持人所拥有的超高曝光率使其成为家喻户晓的明星,她在国家剧院期间发展戏剧与翻译名著所带来的赫赫声誉,也使得她成为那个时期冰岛人民所能接受的"最大公约数"。

当时参加选举的一共有4位,除芬博阿多蒂尔外,其他3个人皆为男性。芬博阿多蒂尔并没有因此而畏惧。她跑遍全国举行集会、发表演说、宣传施政方针,同时她也大胆表露自己迥异于传统男性政治家的政治观点——反对军备竞赛,反对扩军备战,反对美军在冰岛建立军事基地,反对冰岛加入北约。她的观点,对于当时冷战氛围正浓、推崇军备竞赛、积极加入北约以对抗苏联的许多欧洲国家来说,是不可想象的。

有政敌借此攻击她是"共产党",她毫不避讳地说:"有人想要用这样一种方式来吓退选民对我的支持,我不知道自己是不是共产党员。如若谋求平等和正义是共产党员的话,那么我就是了。"①

在竞选宣传时,她号召停止军备竞赛,将这些钱用到改善人民的生活质量中去。这一主张在当时虽不符合传统男性政治家的"政治正确",却悄悄在冰岛人民的心里发了芽。在大选中,芬博阿多蒂尔还强调要维护冰岛的文化和妇女的权利。这一切,从国家剧院院长、国家电视台主持人、一名女性嘴里说出来,是如此令人信服且有感染力。在此前男性政治家的眼光里,妇女、文化、人居似乎从来都不是重点。如今,终于有一名博学而有名望的女性替他们说了出来。冰岛人民看到了美好明天的曙光,因此他们选中了维格迪丝·芬博阿多蒂尔。

因此,她的当选,看似出人意料,实在情理之中。

芬博阿多蒂尔的当选无论在冰岛还是在世界政坛都无异于一枚震撼弹,

---

① 人民网.芬博阿多蒂尔成为世界首位民选女总统[EB/OL].(2019-06-10)[2022-10-22]. http://www.people.com.cn/GB/historic/0630/6662.html.

来自世界各地的贺电传至雷克雅未克。时任冰岛总理在贺词中说:"你的当选将进一步激励妇女参政的热情。"挪威驻冰岛大使在本国报纸上发表文章,表示芬博阿多蒂尔当选总统"揭开了历史新篇章"。

芬博阿多蒂尔也深知自己作为世界第一位民选女总统身上背负的重量。在她当选后的一次媒体采访中,她说道:"我感到十分自豪,这件事情不仅在冰岛,而且在全世界都是男女平等的里程碑。"

这位里程碑式总统明白女性当选总统的意义,也明白女性要获得独立与自由,不仅仅是选出一位仅有礼仪性职权的女总统就能解决的。在民主政治制度为议会制的冰岛,总统的职务主要是礼仪性的,国家重大政治、经济、外交事务都由议会决定。总统最重要的职务是签署议会通过的法案;在政府发生危机时,总统负责物色领导政府的人选,或是下令解散议会,重新选举,待新议会产生之后,提名政党领导人组阁。尽管冰岛的宪政体制与芬兰一样实行二元行政,由选民直选总统,议会的权力地位相对较低,但更多时候,冰岛只是名义上的"半总统制",实际上与挪威、丹麦等北欧国家的纯议会制极为相似。

当选总统后,芬博阿多蒂尔依然奋战在为广大女性争取权利的第一线,并运用自己的巨大影响力游走于国内外政坛,为宣扬本民族的文化、发展冰岛与世界各国的友好关系做出了不可磨灭的贡献。

她亲切随和,为了拉近与公众的距离,她将工作地点设在首都雷克雅未克的一幢白色小楼内,并且未在四周设置安保措施。冰岛公民可以通过预约方式和总统见面,一起讨论他们所关心的问题。

当选总统后得芬博阿多蒂尔不忘继续支持女性争取更多权利。她深知自己当选总统得到了女性同胞的大力支持,所获得的选票大部分也来自女性选民,因此她代表着女性的利益。1985 年 10 月 24 日,冰岛再次爆发妇女运动。冰岛妇女决定罢工一天,来证明她们的家务能力和职业能力对社会来说都是不可缺少的。成千上万的冰岛女性选择待在家,以此来证明女性对于这个国家发展的重要性。究其根本,冰岛女性希望唤起更多人对女性地位的关注。颇为戏剧化的是,本应力促民众复工、保障国家稳定发展的总统,却在这时候同广大妇女站到了一起。芬博阿多蒂尔这一天也没有到总统府上班,而是选择待在家里。她加入罢工队伍让冰岛万千妇女为之鼓舞,也给她自己"赢得"了另一个世界第一——世界上第一位参与"罢工"的总统。①

芬博阿多蒂尔不忘初心,继续致力于冰岛文化事业的发展。她曾在总统府设置了一个图书馆,工作之余,她会去这里寻求心灵的小憩。她还曾将英文版中国名剧《日出》译成法文版,在国内外进行演出,受到了来自海内外戏剧界人士的高度赞扬。她还主动当起了冰岛文化的"形象代言人",她曾在一次访问中说道:"我试图推动所有的文艺活动。冰岛的鳕鱼举世闻名,当我到国外访问和旅行时都会宣传冰岛的文化,我想努力让更多人了解冰岛文化生活的多样性,让大家知道冰岛的文化生活比鳕鱼业更活跃。"②

在芬博阿多蒂尔积极宣扬冰岛文化的背后,是冰岛人民努力寻求文化自主、弘扬民族文化的热望。从18世纪开始,冰岛先后被挪威和丹麦统治,直到1944年才摆脱丹麦王国的统治。实现独立后的冰岛积极推广本国语言,大力推动本国文学和艺术创作。芬博阿多蒂尔表示:"我是冰岛第一位全民普选的总统,维护冰岛的本土文化是我的首要责任,我要努力唤起冰岛人民的民族意识。"

在对外交往上,芬博阿多蒂尔也屡屡打破坚冰,发展与东西方国家的友好关系,为冰岛的发展创造更有利的国际环境。

芬博阿多蒂尔与中国颇有渊源,其母曾两次访问中国,她自己也曾翻译过

---

①② 谈闻.冰岛首位民选女总统:维格迪丝·芬博阿多蒂尔[J].现代交际,1995(11):44-45.

中国的戏剧剧目。1995年,她率领冰岛政府一行踏上了中国的土地,行程依然与女性有关。受中国政府之邀,她特来参加在北京举办的第四届世界妇女大会。在接受媒体采访时,她说道:"我的母亲曾两次来到中国,她给我讲过很多有关这里的事情,让我对这个东方大国十分期待。现在我终于来到了北京,内心太激动了。"①

1982年2月,芬博阿多蒂尔应邀对英国进行国事访问。这是1958年至1976年冰英两国爆发"鳕鱼战争"以来,冰岛国家元首第一次访问英国。鳕鱼是西方人喜欢食用的一种鱼类,其主产区集中在冰岛海域。冰岛独立后,一直以鳕鱼捕捞业作为振兴国民经济的重要推手。而自20世纪60年代起,欧洲国家尤其是英国对鳕鱼的需求越来越大,为了避免外国过度捕捞对冰岛渔业产生破坏性影响,冰岛曾在1958年、1971年、1974年将本国禁渔界线逐步扩展至12海里、50海里和200海里。英国仗着坚船利炮和国富民强,曾一次次无视冰岛出台的禁渔令,派出军舰和水手护送本国渔民前往冰岛禁渔海域捕鱼。冰英双方也曾就此在1958年、1971年、1974年爆发过三次小规模冲突,但终在美国和欧共体的调停之下休战。1976年,欧共体宣布欧洲各国海洋专属经济区界线定在200海里,此举等于公开站在了冰岛一方,众叛亲离的英国只能接受冰岛的200海里禁渔区禁令。困扰冰英两国关系发展20年的"鳕鱼问题"以英国一方"失败"而告终。

然而,"鳕鱼战争"结束多年,冰英两国的外交关系一直处于坚冰状态,这对急于寻求外部发展的冰岛来说极为不利。因此,1982年,芬博阿多蒂尔冲破阻力,来到了英国。芬博阿多蒂尔的到访,使得两国关系重回正轨。其间,英国女王出乎预料地授予她一枚十字勋章。要知道,十字勋章可是英联邦国家的最高军事勋章,是为了奖励对敌作战中最英勇的人。此番授予"敌国"冰

---

① 虎集.西欧政坛六女杰[J].国际人物,1996(4):55-60.

岛总统勋章,更是为世人所惊愕。

在英国女王看来,这枚勋章是和解也是敬意。这场战争体现了冰岛作为一个可敬的对手,在战争中表现出了英勇无畏的意志,冰岛也因此改变了世界海洋的游戏规则。而英国虽然输掉了这场"战争",但规则的制定给未来的英国乃至世界带来的益处却是无穷无尽的。

芬博阿多蒂尔以其亲切随和的执政风格、坚毅果敢的行事方式,赢得了国人的信任,也使得冰岛作为一个国家获得了世界的瞩目。

在随后的1984年、1988年和1992年大选中,芬博阿多蒂尔蝉联了总统之位。其中,在1984年大选中,她的得票率达到92.7%。1992年大选时,她是当时唯一候选人,依据冰岛宪法,无须投票,她再次成功连任。

在芬博阿多蒂尔15年任期内,冰岛的妇女阵线党实现了从创立到不断发展,并且在冰岛议会选举中,曾达到过10.1%的最高得票率。在世界范围内来看,在芬博阿多蒂尔当选之后,越来越多的国家开始出现女性首脑,女性政治家呈群体性崛起态势。

芬博阿多蒂尔凭借高学历、过人的胆识、丰富的管理经验以及良好的形象素质,运用女性首脑的"柔性"思维取代男性首脑的"控制"思维,使其在处理国内外事务中刚柔并济。

退休后的她依然致力于世界范围内的女性事业、文化事业的推广与发展。1996年,她受聘为哈佛大学肯尼迪政府学院世界妇女领袖理事会的首任主席。1998年,她又被任命为联合国教科文组织世界科学知识与技术伦理委员会主席、联合国教科文组织语言亲善大使。

在褪去"世界第一位民选女总统"的光环之后,她依然在为这个世界的女性发展与文化事业奉献着自己的光和热。如今冰岛女性的参政人数比例已大幅提升,在各个领域均可看到女性的风采。冰岛议会中有约四成为女性议员。

更重要的是，北欧女性多为主动参与政治，她们在女性大力支持下进入权力机关。因此，她们也会在政府政治决策中，通过积极参与来影响政策制定，实现对女性利益的保护。如此循环发展，也使得更多女性主动投身于政治生活中。

第二节 "可持续发展"理念倡导者：布伦特兰夫人

52.2%反对，47.8%赞成，挪威加入欧盟失败！

在1994年挪威加入欧盟的全民公投中，反对票高于赞成票，挪威加入欧盟宣告失败。这是自1972年9月加入欧盟失败后，挪威又一次"梦碎"。

作为1905年挪威独立以来的第一位女首相，布伦特兰夫人曾极力促成挪威加入欧盟。在长达一年的谈判进程中，布伦特兰政府与欧盟展开多达29个领域的谈判。尤其是在能源、农业等领域，在谈判桌前多番讨价还价后，双方终于"勉强"达成一致。

在布伦特兰政府看来，尽快达成协议，一方面要注重保护挪威民众利益，为本国人民带回一份更加合乎自身利益的方案；另一方面也要尽快加入欧盟，在政治上得以参与欧洲重大决定，在经济上融入欧盟逐渐取消关税壁垒，也为本国资本出口创造条件。

1994年3月，挪威与欧盟完成在各领域的谈判，布伦特兰在历尽千辛万苦后，终于换来与欧盟达成的一纸协议。6月，布伦特兰夫人自信满满地从希腊科夫岛带回与欧盟的一纸协议，她本以为这会是个令各方满意的协议。

在举行公投前，布伦特兰夫人在全国游说，宣传其加入欧盟主张，得到了城市居民、企业家、知识分子的支持。然而，反对加入欧盟的声音也格外大，人们担心加入欧盟以后在政治上受限，在经济上被"平均"，尤其渔业等产业财政补贴是否减少等问题存在争议，让反对加入欧盟的声音加大。反对党正是利用了民众的这一情绪,鼓动群众反对加入欧盟。5月,布伦特兰所在工党与反对党掀起全国范围内的大辩论。游说演讲、海报标语等各种宣传方式无所不用,斗争十分激烈。

1994年11月,在全球目光的注视之下,挪威人民公投否决了政府的加入欧盟的协议,挪威成了唯一一个举行公投后决定不加入欧盟的国家。在很多人看来,这也意味着否决掉了布伦特兰夫人之前为加入欧盟所做的种种努力,甚至否决掉了她执政的合法性,但布伦特兰夫人挺过了这场风波。

"这是民意,我无话可说。"在短暂的失望之后,布伦特兰夫人立即投入了加入欧盟失败后的政策调整工作。她一方面宣布尊重民意,挪威不加入欧盟;同时,要求政府与欧盟保持密切联系,并扩大同欧盟外国家的合作,避免被孤立。

这一举措得到很多人包括反对加入欧盟人士的支持。在民众看来,布伦特兰一直站在挪威人民的一边,一直在维护挪威的国家利益,他们要支持现任政府的工作。投票后的民意测验表明,民众对布伦特兰夫人以及工党的支持率不降反升,增加了7个百分点。

布伦特兰夫人费尽心思地想让挪威加入欧盟,这与其所在政党不无关系。作为挪威史上第一位女性首相,布伦特兰夫人是挪威工党的一员。该党是挪威第一大党,也是"二战"后的主要执政党,在挪威工会中具有很大影响力。布伦特兰夫人的曾祖父是工党的创始人之一,父亲也是挪威工党元老,曾任工党政府国防大臣和社会事务大臣,母亲也曾是工党领导人之一。

1939年,布伦特兰出生在这样一个信仰社会民主主义的知识分子家庭里,并在这样的政治氛围中慢慢成长。信仰民主主义的布伦特兰在担任首相时表示:"遇到问题要多说出来,不怕争论,因为这就是民主的精髓。"布伦特兰也沿着父辈的脚步,7岁时就成为工党的儿童组织成员,中学时期正式加入工党步入政坛。

1974年,35岁的布伦特兰任职挪威环境事务大臣,次年她被选为工党副主席。1977年,时任环境事务大臣的布伦特兰夫人遇上了一个海上钻井平台重大爆炸事件。挪威北部海上油田发生爆炸事故,大约有1.5万吨原油向外喷泻,严重威胁挪威沿海的环境。危急关头,布伦特兰展现出她过人的危机处理能力,她彻夜不眠地在现场处理事故,使挪威避免了一次严重灾害。

布伦特兰夫人在这次危机中所展现出来的杰出领导才能,使得她的政治威望迅速提升,之后她成功当选为议员。1981年,布伦特兰被选举为工党主席。同年,她成为挪威历史上第一位女首相。

随着国际形势的变化和国家发展,工党开始强烈主张挪威加入欧盟,这自然也成了布伦特兰追求的政治目标。在她看来,挪威不能将本国的发展置于欧洲一体化进程之外,要用更长远的眼光去看待挪威发展。尽管布伦特兰夫人在加入欧盟协议谈判中做出巨大努力,但挪威民众似乎并不"买账",这也成了布伦特兰夫人政治生涯中的最大遗憾。

虽然未能将挪威"带入"欧盟,但布伦特兰夫人在政治生涯中,尤其是在女权等问题上做出的巨大贡献不容忽视。布伦特兰从小就被父亲灌输"女性可以和男性取得同样成就"的观念。20世纪70年代初,刚从哈佛大学获得公共卫生硕士学位回国的布伦特兰,就到了奥斯陆卫生理事会担任医官一职。

当时,保守党政府公布了一项反堕胎法,这激起了她强烈的不满和愤慨。布伦特兰在妇女中进行了大量调查之后,撰写、发表了反对该项法案的一系列文章,她的这些文章引起了挪威社会对这一问题的广泛关注。迫于社会舆论压力,保守党政府不得不做出让步,把"禁止堕胎"改成"允许妇女在怀孕开始的6个月内堕胎"。这也被看作布伦特兰夫人为妇女争取权利而斗争的首次重要胜利。这次胜利使得布伦特兰夫人成为挪威的知名人物,她由此走上了政治舞台。

1981年4月,成为工党主席的布伦特兰开始领导工党为争取男女政治平等而努力。1983年,工党政府通过一项决议,规定在所有公共机关中,妇女席位不得少于40%。正是根据这项决议,布伦特兰夫人在1986年第二次担任首相时,挑选并任命了7位女大臣。她们很有才干,十分年轻,其中有4位更是只有30多岁,因此这一届政府也被冠以"女性内阁"称号。

在争取男女政治平等方面,工党一直走在全国其他党派和团体的前面。布伦特兰提出的保证机关委员会中女性数量的规定也得到了其他党派的认可,各党派也紧跟脚步制定了相似政策,这也使得挪威在男女平权方面走在了欧洲各国前列。1988年,她又推动修改《性别平等法》,规定官方机构在任命或选举由4人以上组成的委员会、董事会等公共机构时,至少有40%的成员为女性。这一规定同样适用于立法机构。

1994年,再次当选为首相的布伦特兰夫人在组阁时,包括首相在内的女阁员共有9名,占到总数的47%,而此时世界的平均水平仅为5.7%。在布伦特兰看来,女性部长的人数增加是十分有必要的,这一增长有利于提高国家政策的社会认同度。"如果政府中不存在这样的平衡,很难想象在经济危机的情况下,我们还能够延长产妇的假期",[①]布伦特兰解释道。

布伦特兰政府在注重女性权益的同时,也很注重男女权益的平等。布伦特兰夫人把男女平等的意识纳入了各项决策中,她认为这样做有利于社会男性接受并支持女性参政,以此形成良好的社会氛围。

然而,布伦特兰夫人并不只满足于此,她说女权运动是一场革命,不应该有休止符,她将这场男女平等的"革命"推向了王室的改革。按照挪威的法律,世袭王位只能由王子来继承,而即便公主是长女,也没有资格继承王位。在布

[①] 韩冬杰.北欧女性参政特色及形成原因分析[D].石家庄:河北师范大学,2016.

伦特兰夫人的提议和支持之下,议会的司法委员会起草了一份修正法案,规定以后的王位继承不再只限于王子,只要是国王的第一个孩子即有权继承王位。

对于自己推动的这场男女平等运动,布伦特兰夫人颇为自豪:"我第一次当首相时,有个小男孩问她的妈妈,女人能当首相吗?而我第三次当首相时,另一个小男孩问自己的妈妈,将来男人还能当首相吗?"

除了在国内政坛做出突出贡献之外,布伦特兰夫人还因为在环保、控烟和公众健康事业中极为出色的表现而享誉世界。"绿色女神"是布伦特兰的另一个美誉,这是因为她对挪威乃至世界环境保护工作做出了突出贡献。

在任职挪威环境大臣期间,布伦特兰夫人就特别强调环保的重要性。而挪威北海油田海上钻井平台重大爆炸事件也让她更加坚定了保护生态环境的决心。挪威作为世界上最富裕的国家之一,其两大支柱产业渔业和石油业都是资源型产业,都与环保息息相关,这也造就了挪威人很强的环保意识,其首都奥斯陆碳排放水平为全欧最低,94%的生活垃圾可以被回收处理。

基于布伦特兰夫人在环保领域的杰出成就,1983年12月,联合国决定成立世界环境与发展委员会,时任联合国秘书长哈维尔·佩雷斯·德奎利亚尔提名她担任主席。在经过一番激烈的思想斗争后,布伦特兰夫人决定接受这个挑战。因为在她看来,如今的环境保护已经成了一个世界性问题,加强环境治理的全球合作已经是迫在眉睫的事情,自己不应退缩,而要勇敢地站出来。

在布伦特兰的领导下,由21名高级官员组成的专家委员会,历经4年在世界多地调查之后,1987年3月发布了一份近400页题为《我们共同的未来》的报告。报告中用大量的事实和科学依据,告诫世界政府和人民目前全球环境面临的挑战,提醒人们要重视环境问题,同时提出解决全球问题的一些根本性原则。

布伦特兰在前言中指出:"在整个调查期间,我们站在全球的角度去看待问题,没有明确地划分东方和西方、发达国家和发展中国家。"报告中写道:"可持续发展能够满足所有人的基本需求,满足人民对美好生活的向往。"其中提出了两个建议,一是推广"可持续发展"理念,二是举行"可持续发展"全球峰会。

1987年第42届联合国大会期间,布伦特兰夫人专程来到纽约,以政府首脑兼联合国世界环境与发展委员会主席的双重身份,向联合国各成员国报告委员会工作情况,她严肃地指出:"我们必须认识到贫穷是许多发展中国家环境衰退的主要原因和后果。"她呼吁工业化国家要为改变这种状况担负起更多责任,这也将有助于全球可持续发展,她的远见卓识赢得在场各国代表经久不息的掌声。

1992年,在里约热内卢举行的联合国环境与发展大会上,155个国家签订《联合国气候变化框架公约》。从此,"可持续发展"概念逐渐成为全球生态环保的核心理念,布伦特兰也因此被人们亲切地称为"地球妈妈"。

布伦特兰认为,作为一个领导人最重要的品质是坚定的直觉和能感染别人的热情和说服力。"目前全球环境问题就是这样,很多事情都是相互关联的",布伦特兰夫人说道,"值得庆幸的是,我提出的可持续发展理念开始被更多国家的人所接受。大家决定共同来解决这一问题,当然前提是美国和中国要参与其中"。

在20世纪90年代就认识到中国在环境保护问题上的重要性与影响力,体现了布伦特兰夫人长久以来对中国乃至亚洲的影响力的关注与期望。挪威在20世纪60年代末、70年代初在北海发现油气田并开发后,至90年代成为欧洲"暴发户",从资本进口国变为出口国,国内公司开始寻找海外市场。而时任首相的布伦特兰发起的加入欧盟公投遭到反对后,她更加意识到世界其他地区的重要性。

1995年1月,在应邀出席亚洲国家驻挪威使节午餐会时,布伦特兰提出了重要的"亚洲构想"概念。她在演讲中说:"目前亚洲经济进入飞速发展阶段,政治上也相应提出新的追求,亚洲在世界的地位逐渐上升,挪威与亚洲地区建立长期经贸合作十分必要。""亚洲构想"由三部分组成:与亚洲国家加强政治磋商、发展经贸合作和促进文化交流。在布伦特兰的演讲中,她还特别提到中国作为联合国安全理事会常任理事国有着特殊的地位和作用。在"亚洲构想"推动下,中挪关系持续深化:两国领导层频繁互访,经贸合作不断加强,文化交流不断。

值得一提的是,布伦特兰夫人对中国的环保问题也格外关注。1995年11月,在对中国进行正式访问时,她提出"环保问题一旦抓晚了,真的是劳民伤财","中国正在进行大规模现代化建设,环保问题应当尽早抓。一些工业化国家的教训就在眼前,要避免重蹈覆辙"。在她领导的挪威政府支持下,中挪两国在环保领域进行了广泛的合作,挪威还向中国提供了可观的环保赠款和贷款。

1998年5月,布伦特兰夫人获得180张选票中的166票,履新世界卫生组织总干事,成为第一位女性总干事。就任后,布伦特兰夫人将中国作为出访的第一站。她希望通过与中国合作改善世界1/4人口的健康状况。尤其是在烟草问题上,她倡议中国要严格控烟,因为这关系到整个国家人民,尤其是年轻人的健康。她变身"控烟斗士",推动世界各国加强对烟草的控制力度。2003年,世界卫生大会通过《烟草控制框架公约》,这是第一个限制烟草的国际性公约。中国在第一时间签署公约。中国今天控烟的成就,离不开布伦特兰夫人所领导的世界卫生组织的推动。

布伦特兰夫人可谓政坛"常青树",她先后担任挪威首相10年,做出了卓越政绩,在世界政坛上享有盛名,在多个领域都做出了十分重要的贡献。

对内,布伦特兰夫人在环境保护、妇女政治参与平权、实现"充分就业"等领域成果斐然;对外,她在联合国、世界卫生组织等国际组织中,凭借其卓越的领导才能和专业水平,为人类"可持续发展"做出了突出贡献。如今看来,布伦特兰夫人是一位有着敏锐洞察力和战略眼光的女性领导人。2004年,英国《金融时报》将她评为"25年来影响世界的欧洲人"第四名,排在教皇约翰·保罗二世、米哈伊尔·戈尔巴乔夫和玛格丽特·撒切尔之后。

布伦特兰夫人影响了挪威乃至世界,但回归家庭,她心里却总是充满了难言的遗憾。1992年,小儿子的自杀给布伦特兰夫人带来莫大的触动,她开始认真反思如何既做好政治家又做好母亲。在她看来,尽管自己的工作得到了家人的支持,但是繁重的政务使她很少有时间与家人待在一起。

1992年11月,布伦特兰夫人在奥斯陆宣布,由于"个人的原因"辞去工党领导人一职,但会继续担任挪威首相。虽然她本人未给出具体原因,但很多人猜测这与她儿子的自杀有很大的关系。这之后,每到休假,她都会和家人一起上山滑雪、野炊烧烤。回归家庭后的布伦特兰夫人,对自己的角色有了更深层的思考,她曾说"女权主义并不意味着无须履行一个母亲的责任"[①]。

第三节 "我行我素"总统塔里娅·哈洛宁

"欧洲仍由男性统治,现在是结束男性垄断统治的时候了。"

2000年2月,在芬兰总统选举前夕,芬兰社会民主党主席、时任芬兰总理帕沃·塔皮奥·利波宁为了给总统候选人塔里娅·哈洛宁拉票,说出了上面那句话。令人感到颇为惊讶的是,号召人们打破男性垄断统治的,却是一位男性总理。

---

① 虎集.西欧政坛六女杰[J].国际人物,1996(4):57.

这不仅让人们看到了芬兰人对女性执政的开明态度,也使得人们对塔里娅·哈洛宁这位总统候选人的身份充满了好奇,究竟是什么人,能够让芬兰总理亲自为其加油呐喊。

虽然是第一次参与竞选总统,但芬兰人对塔里娅·哈洛宁这个名字并不陌生。在参选总统之前,她已在芬兰政坛工作多年,并在自己的岗位上取得了令人瞩目的好成绩。

1943年12月24日,塔里娅·哈洛宁出生于芬兰首都赫尔辛基。1968年她从赫尔辛基大学法律系毕业,获得法学硕士学位。毕业之后,她开始步入政坛,先后担任芬兰工会中央联盟法律顾问、总理秘书、赫尔辛基市市政委员。1979年她被选为国会议员。1987年至1991年她先后担任芬兰社会事务和卫生部部长以及司法部部长,1995年起任芬兰外交部部长,直至参选总统。

在2000年2月芬兰第11届总统选举的第二轮投票中,塔里娅·哈洛宁以第一大执政党社会民主党候选人的身份击败最大在野党中间力量党候选人埃斯科·阿霍,当选为芬兰历史上第一位女总统。2000年3月1日其宣誓就职。

塔里娅·哈洛宁能赢得这场总统选举,与其竞选中的精妙策略分不开,也与其在外交部部长任上的卓越表现分不开。在竞选初期,哈洛宁的选举优势并不明显,在所有7名候选人中,她的支持率仅排在第四位。为了赢得更多选民,她将更多精力放在了芬兰担任欧盟轮值主席国的事务中,以此来树立其更正面的形象。这样一是可以证明其作为政客的专业性,二是可以让芬兰民众回想起她往日在外交部部长任上给芬兰带来的辉煌与荣光,从而更有助于其参选。后来直线上升的支持率印证了哈洛宁竞选策略的正确性。

"二战"之后,芬兰长期奉行着与苏联保持睦邻友好关系、不介入大国冲突、同各国发展友好关系的"积极的和平中立政策"。芬兰的这种中立型外交政策为芬兰赢得了很长一段时间和平稳定的发展环境,但也使得芬兰在国际事务中处于一种"失语"状态。

从1995年起担任芬兰外交部部长的塔里娅·哈洛宁决心改变这种现状,她积极地参与到国际热点事务的解决中去。为维护俄罗斯联邦内车臣难民的人权,哈洛宁曾致电联合国秘书长安南,呼吁尽快解决该问题,她甚至还亲自去车臣难民营慰问难民。面对中东复杂的局势,哈洛宁亲自出访埃及、以色列、巴勒斯坦和叙利亚等国,与各国领导人举行会谈,积极地为推动叙以和谈而努力。

1999年下半年,芬兰担任欧盟轮值主席国,身为外长的哈洛宁获得了大显身手的机会。当时以美国为首的北约以维护人权为理由发动科索沃战争,对南联盟实施轰炸。对此哈洛宁表示坚决反对,她反对使用武力解决问题,并发声对北约干涉南联盟内部问题、实施军事打击持怀疑态度。在此次事件中她所展示出的有主见不盲从的态度不仅吸引了芬兰国内民众的注意,而且赢得了世界反战人民的关注。[1]

哈洛宁卓越的外交能力,不仅使得芬兰的国际地位得到提升,也为芬兰赢得"小国办大事"的美誉。哈洛宁在外交部部长任上积累了丰富的国际外交经验,赢得了国内民众的极大认可,工人们亲切地称她为"我们的姑娘"。

塔里娅·哈洛宁能在这场选举中取得胜利,也与其女性身份不无关系。在首轮投票选举中,塔里娅·哈洛宁并不是唯一的女性参选者,与她一起参选的还有3名女性,而此次总统候选人一共只有7位。女性在其中占到了一半以上,这在各国的总统选举中都不多见。7名候选人中,哈洛宁和另一名男性候选人冲到了第二轮,而在最后的第二轮投票中,为了能选出一位女性总统,一些保守党的女性也抛弃了党派成见,将票投给了塔里娅·哈洛宁。

---

[1] 刘丹.芬兰新总统哈洛宁女士[J].当代世界,2000(4):19-20.

这也从侧面印证了芬兰女性的参政程度之高,以及芬兰社会对于女性执政的接受度之高。

其实,早在1906年,芬兰妇女便获得了全国普选权,这也使得芬兰成为欧洲第一个、世界上第二个立法确立妇女选举权的国家。[①] 1911年,芬兰建立了全国妇女联合会。"二战"结束后不久,芬兰土地党、新芬兰人民民主联盟就已经成立妇女小组,开始为妇女争取更多权利而努力。在这些小组的积极活动下,1946年芬兰女议员的比例升至12%。

在芬兰,有71%的妇女参加工作且几乎与男工同酬,国内社会对于女性的尊重是出了名的。尊重妇女、重视妇女权利时时刻刻体现在民众生活的每一个细节里。比如,男女二人共同上街,男士要主动帮女士拎物品,否则将被视为不礼貌的行为。芬兰妇女的社会地位如此之高,与民众受教育程度、法律保护以及完善的社会福利制度紧密相关。

芬兰有着非常发达的教育体系,早在1921年,芬兰就开始实行免费义务教育制度;到1980年,全国九年制免费教育开始实行。截至21世纪初,在所有欧洲国家中,芬兰妇女受教育程度居首位。在25岁至64岁妇女中,接受高等教育的比例高达36%,远高于欧洲21%的平均水平。在芬兰的大学里,女性教授、讲师占到了63%;硕士、博士研究生中近70%为女性。芬兰发达的教育体系也为女性参政打下了坚实的基础。"女性的参政素质主要从两方面衡量,其中之一就是女性是否受过良好的社会教育。"[②]

塔里娅·哈洛宁能在选举中取得胜利,也与其所在政党社会民主党在芬兰国内的优势地位有很大关系。芬兰社会民主党成立于1899年7月,原名芬兰工人党。自1916年以来,芬兰社会民主党一直保持着议会第一大党地位,

---

[①] 刘丹.芬兰新总统哈洛宁女士[J].当代世界,2000(4):19-20.
[②] 裔昭印.西方妇女史[M].北京:商务印书馆,2009:498.

获得议席最多,长期单独或者联合执政。进入20世纪90年代,由于芬兰经济下滑严重,社会民主党在芬兰民众中的影响力逐渐下降。在经历社会民主党政府被迫下野之后,在1995年3月的大选中,社会民主党重新赢得63个席位,再次成为议会第一大党。

在社会民主党的党纲中,社会民主党强调将致力于建立以自由、平等和团结一致为基础的社会,并为实现一个合作与和平的世界而努力。社会民主党在政治上主张实行民主自治管理,反对中央集权;在经济上主张扩大经济民主,限制资本利润,实现充分就业和公平分配,保障社会福利;在社会问题上主张社会成员平等;在军队上赞同拥有一支适应芬兰战略形势的必要防务力量,反对任何军事集团结盟;在外交上主张芬兰实行独立自主、积极的和平中立政策,外交目标是巩固睦邻友好关系和发展国际合作,要求建立北欧无核区。

在正式步入政坛前,哈洛宁的政治观点在部分西方人看来有些激进。她曾参加过一些支持第三世界国家实行共产主义制度的组织,如芬兰—尼加拉瓜社团组织。而在苏联解体之后,她的政治观点开始发生转变,她成为一名温和的社会民主党人。哈洛宁认可并支持社会民主党的政策,并在之后的政治生涯中也一直践行着社会民主党的政治纲领:在国内发展经济确保充分就业,重点保证财富合理分配,防止出现贫富两极化;在对外政策上则坚持军事不结盟政策,支持欧洲一体化进程。

哈洛宁对社会民主党政策纲领的坚持,也吸引了与社会民主党持相近或相似立场的左翼联盟政党的支持。左翼联盟成立于1990年4月,可谓是一个年轻的党派,它最早由芬兰共产党和人民民主联盟合并而成,后芬兰妇女组织——芬兰妇女民主联盟加入该联盟。

扩大和联合芬兰所有左派政治联盟,从而建立起一个广泛、强大而具有活力的新型左翼政党是联盟的目标。对内,左翼联盟主张按照民主、自由、平等思想建立起具有广泛民主、政治多元、多党制的法治国家。同时,该联盟还强调保持生态平衡的重要性,主张经济可持续发展理念。对外,左翼联盟支持政府实行的和平、中立和睦邻友好的外交政策,特别是要维护同北欧各国和东向邻国的关系。在1995年的议会选举中,左翼联盟获得22个席位成为第四大党派。

相似的左派立场给了社会民主党与左翼联盟以天然的亲近性,而哈洛宁的执政风格与目标也给了左翼联盟以实现自身政治纲领的曙光。有了左翼联盟的支持,哈洛宁的"腰杆儿"自然硬了不少,再加上芬兰全国总工会的全力支持,哈洛宁打下了坚实的群众基础。

2006年1月,芬兰再次举行总统选举。在此次总统竞选中,作为社会民主党总统候选人的哈洛宁除了获得党内及其支持者的大力支持以外,左翼联盟也将哈洛宁视为自己党派的候选人,大力支持哈洛宁。

2006年1月29日晚,在芬兰总统选举中,社会民主党总统候选人、现任总统塔里娅·哈洛宁在第二轮投票中以51.8%的得票率击败联合党总统候选人、前财长萨乌里·尼尼斯托,获得连任。

虽然赢得了广泛的群众基础,但哈洛宁此次的连任之路仍可谓险象环生。在第一轮投票中,哈洛宁的得票率为46.4%,未达总票数的半数以上,按照芬兰新宪法的规定,在参加总统竞选的候选人中,如果无人能得票半数以上,则需要进行第二轮投票。现任总统哈洛宁和前财长尼尼斯托一起挺进了第二轮,尼尼斯托在首轮中获得了24%的选票,仅占哈洛宁票数的一半左右。

占尽优势的哈洛宁本以为第二轮投票自己稳操胜券,可投票前的民调结果却让哈洛宁倒吸了一口凉气,哈洛宁的支持率为51%,甚至低于上一次总统竞选中51.6%的支持率。而对手尼尼斯托的支持率此时却达到了49%。分散在其他党派的支持者,迅速集结到了尼尼斯托的阵营中。

哈洛宁和社会民主党转变宣传策略,提出了一个响亮的口号:"我是全芬兰人民的总统!"在竞选中,她多次表明自己一直以最广大芬兰人民的名义行事,"在过去的6年里,我做的一切都只为了满足芬兰人民的意愿"。可信、公正和宽容是她的标签,在更多芬兰人看来,她是一位正统的芬兰人,是值得人民信赖的总统。

在经过激烈的选举之后,哈洛宁以多出11万张选票的结果成功连任芬兰总统,惊险获胜。同时,她也创造了芬兰自1994年通过直接选举后连任第一人的记录。这位深受芬兰民众爱戴的女总统,也因为几件在常人看来颇有些"出格"的事而为人所津津乐道。

在当选总统之前,哈洛宁曾与一位名叫彭蒂·阿拉亚尔维的男子未婚同居15年。这在两性关系相当开放的芬兰人看来,并没有什么关系。但在当选总统之后,如何称呼这位总统的"男人"却成了芬兰上下关注的热点问题。当时总统办公厅曾发出通报,建议称其为"丈夫"。总统办公厅这一建议未能减弱公众对这一问题的讨论热度。有好事的媒体专门对此做了民意调查,调查显示,只有25%的芬兰人同意对阿拉亚尔维使用"丈夫"称呼,约50%的人主张称其为"生活伴侣"。还有一类人则认为,应当用"男人"一词,他们认为应当称"塔里娅·哈洛宁与她的男人彭蒂·阿拉亚尔维"。

塔里娅·哈洛宁与彭蒂·阿拉亚尔维相识于芬兰国会社会卫生事务委员会,当时哈洛宁是委员会主席,而阿拉亚尔维是委员会的秘书。出生在一个知识分子家庭的阿拉亚尔维,一直接受着良好的教育。他长期从事与社会民主、社会福利等相关的工作,而这些恰好也都是哈洛宁特别关心和感兴趣的领域。

在彼此交流后,两人慢慢地找到颇多共同语言,情感也迅速升温。在与哈洛宁认识之前,阿拉亚尔维结过两次婚并有一个儿子,不过这丝毫不影响哈洛宁对他的爱慕之情。相互爱慕的两人很快就同居了,但在此后的许多年里,他们却没有正式结成夫妻。

关于婚姻,哈洛宁有自己的理解,"我从未结过婚。一个人在年轻的时候可能有过美好的梦想,但是必须要从自己拥有的东西里挖掘出最好的,必须尽力生活得更好,甚至在自己梦碎时也要如此",她说,"社会会给你相应支持的"。哈洛宁曾给全世界年轻女性提出自己的建议:"抓住每一刻,并享受每一刻。如果你计划好了25年后的事,也许事情会如你预想的发展,但你也可能会失败,一无所获。无论你现在做什么工作,努力去干好它。"

在哈洛宁当选总统之后,阿拉亚尔维为了"避嫌"辞去了国会秘书的工作,心甘情愿地做起了后勤保障工作。对此,哈洛宁曾回应说:"够好了!他认为我是一个独立的人,但有时有些事情我自己做不好……我认为北欧的男人们已经尽力了,也许将来他们会做得更好。"

为服务好哈洛宁,阿拉亚尔维"牺牲"了自己的工作。而为了平息国内外社会舆论,并且考虑到以后以总统身份出席外事活动将会遇到的不便,哈洛宁也决定做出"牺牲"。

2000年8月26日下午,哈洛宁在赫尔辛基市郊的松树湾总统官邸和彭蒂·阿拉亚尔维举行了结婚仪式。时年56岁的新娘身披白色婚纱,55岁的新郎穿着黑色礼服,两人手挽着手,在摄影师的镜头前双双流露出幸福的微笑。哈洛宁与阿拉亚尔维恋爱同居15年后,终于步入婚姻殿堂。

即使是婚礼,这位总统也依然保持了其特立独行的风格。哈洛宁无宗教信仰,婚礼上没有神父的祝福,也没有遵循既定的传统操办。证婚人是哈洛宁总统的女儿安娜和阿拉亚尔维的儿子埃斯科,参加婚礼的只有新郎、新娘的亲朋好友,大约30人。

哈洛宁曾经于1980年担任过芬兰争取同性恋权利组织的主席。据该组织成员回忆,时任议员的哈洛宁积极发挥自己的法律专长,联合其他议员提交议案,抗议性别歧视,要求废除歧视同性恋者的法律条文。也正因为这一举动,她甚至被一些人认定为"同性恋"。

哈洛宁却从来没有因此而放弃自己的政治立场,在敏感的竞选时期,她既从不隐瞒自己未婚同居的行为,又从不掩饰自己对同性恋的支持。

塔里娅·哈洛宁总统就是这样"我行我素"的风格。虽然迫于舆论压力而结婚,她却始终未改变自己的个性。"我为我一生奉行的价值观而奋斗",这是塔里娅·哈洛宁一直遵守的信条。

在其政治生涯中,塔利娅·哈洛宁创造了多个芬兰"第一":1995 年,她成为芬兰政府第一任女外长;2000 年,她当选芬兰第一任女总统,打破了自 1917 年芬兰独立以来由男性垄断总统职位的历史;2006 年,哈洛宁再度当选总统,成为自 1994 年以来通过直接投票选举后连任总统的第一人。

在行事风格上,她也是一位特立独行的女性总统。不循常规,以"小国办大事"的魄力为芬兰赢得国际声誉;不惧流言,与男友未婚同居 15 年;不怕风险,为本国同性恋群体仗义执言……

塔里娅·哈洛宁总统令人印象深刻,而能够给这位女性总统提供宽松政治环境与社会环境的国家芬兰则更令人钦佩与歆羡。芬兰女性参政文化之深远,女性受教育程度之高,法律保护以及社会福利保障体系之完善,都给人留下了深刻的印象。哈洛宁总统用实际行动告诉我们,芬兰女性的温柔不体现在说话时的细声慢语,而体现在通过掌握的权力来求得和平与繁荣。

第四节　为什么是北欧？北欧女性参政状况简析

自 19 世纪以来,在两次女权运动的影响下,北欧五国(挪威、丹麦、冰岛、瑞典、芬兰)的女性自我意识逐渐觉醒,女性参政的势头越来越强。虽然比起其他欧陆国家,北欧女性运动起步较晚,但是其发展速度和带来的实际影响远超其他国家。2014年公布的《全球性别差距报告》显示,冰岛、芬兰、挪威、瑞典、丹麦位居世界前五位,拥有世界上"两性最平等的社会"。冰岛选出了世界第一位女性民选总统,挪威出现该国历史上第一位女性总统,芬兰女总统哈洛宁连任两届总统……北欧五国在近半个世纪出现多位女性领导人,并且以出色的整体素质和政绩赢得世界赞誉。究其原因,是北欧以其独有的社会文化土壤,为女性参政的发展提供了丰富养分。

北欧各国有悠久的民主传统。由于远离欧洲大陆,北欧的政治、文化明显区别于大陆地区。"人人平等"的理念渗透到社会各个方面。追寻"平等"是北欧政治文化的主题。从古代开始,北欧就出现了"议事会政体",这是一种高度参与的政体形式。公元930年,冰岛就出现了全国范围的议事会——"阿尔平伊"(Alpingi)。

步入近代,启蒙运动与法国大革命的春风吹向世界各地,自然也影响了北欧国家。在本地区传统的基础上,北欧国家的基本宪法原则得到了充实。

北欧国家在确立现代民主制度之时,最值得称道的是其平稳渐进的特性。19世纪末20世纪初,在世界遭受全球性危机时,北欧仍保持稳定的社会环境和经济发展。整体上看,工业化进程在速度和强度上都保持在合理的区间,使得社会进行渐进的调整成为可能。新旧社会政治力量在全球形势下,也难以出现较大的"冲突"。北欧各国人都更为理性地选择了民主投票,并相信法律的作用。由此,北欧通过和平的方式实现现代民主制度。

"二战"前后,社团组织的发展为北欧女性参政提供了平台。社团组织发达是一国民主化程度高的表现。19世纪,由于北欧社会宽松的环境,便开始有社团组织产生。各类社团组织逐步成为人民参政的一种途径,至今有些社团仍具有影响力,可以对国会决策产生一些影响。

而女性组织的出现和活动，催生了女性群体的政治性。在女权运动影响之下，北欧在 19 世纪后期出现了第一批女性组织，比如 1871 年建立的"丹麦妇女联合会"，1873 年瑞典成立的"已婚妇女财产权利协会"，1884 年芬兰和挪威都出现的妇女协会，1894 年冰岛也成立了妇女协会组织。这些社团组织在培养女性参政热情上起到很大作用，并形成了广泛的群众基础。在社团活动中，女性通过参加公共活动，拓展了政治视野，提高了政治影响力。

除了社会上的妇女组织，北欧女性参政的另外一个重要途径就是政党中的女性小组。这些女性小组的存在，一方面提高了女性参政比例，保证了政党中的性别比例平衡；另一方面也给政党施加了不少压力，使得政府在决策过程中更加注重女性权利的维护。

在女性小组的活动下，20 世纪 50 年代，北欧女性参政已经取得一定成果，这一时期的挪威女性参政程度到达高峰。北欧女性通过参加社会组织和政党中的女性组织，提升了参政热情，提高了女性参政比例，也使得社会政策朝着更加有利于女性的方向发展。比如瑞典近一半的女议员参政是得到女性组织的大力支持的，这些社团组织与政党关系密切。正因如此，北欧女性参政的良好模式要领先欧陆早期资本主义国家。

北欧女性参政比例在世界范围内是最高的，一个更为重要的因素是：北欧国家政治较为清廉，国内对女性的压迫和限制较少。比如，挪威在 1894 年制定的工业安全法案中规定政府为男性和女性提供疾病保险，并规定了女性拥有 6 周的产假。在民主政治的传统下，20 世纪初北欧已经建立起相对完善的资本主义议会民主制，此时政治界就开始出现关于女性权利的讨论，北欧五国女性也逐步获得选举权。1906 年芬兰女性第一次拥有了选举权和被选举权，挪威女性于 1913 年获得选举权，丹麦和冰岛的女性于 1915 年获得该项权利，瑞典也在 1919 年实现女性的选举权利。

"北欧模式"的一个重要特点就是完善的社会福利制度。北欧提倡自由的市场经济制度,通过福利制度来实现分配领域的公平,这一点与其他资本主义国家不同。在地区经济实现快速发展之后,个人和国家的收入增加,这使得各国实行高福利政策。在北欧,个人所得税接近于薪水的一半水平,高税收结合政府合理的二次分配机制形成了国民的高福利,这有利于缩小贫富差距。北欧各国可以真正实现全民医疗、全面教育,甚至每个人自出生起就可以享受每月来自政府的补贴待遇,政府建立起完善的福利保障体系。

北欧的高福利政策也为女性参政提供了坚实的经济保障。在高福利的政策之下,女性摆脱经济依赖地位成为可能,这也激发了北欧女性参政的热情。在有关于家务劳动、产假等女性关心的家庭问题上,北欧女性往往团结起来;在国家的政治讨论中,她们给政府不断施加压力,迫使政府制定有利于自身的家庭政策,来捍卫自身和儿童的正当权利。

北欧各国为保障女性参政还严格实施一项政策——最低比例制,法律规定在国家的政治机构中女性必须要占到一定比例。这些政治机构包括议会以及议会内设的各种委员会和政党内部机构等。在挪威布伦特兰政府时期,她所在的社会民主党就很好地实行了这一政策。1983年,工党政府通过一项决议,规定在所有公共机关中,妇女席位不得少于40%。正是根据这项决议,布伦特兰夫人在1986年第二次担任首相时,挑选、任命了7位女大臣。

虽然这项政策并不是发源于北欧,但是北欧五国是将这一政策实行得最好的。2016年,北欧地区女性议员在议会中所占比例达到41.1%,其中瑞典以43.6%排在首位,芬兰为41.5%,冰岛为42.3%,挪威为39.6%,丹麦在北欧地区中排最后一位,不过也达到37.4%。[①] 需要注意的是,同时期世界女性议员在议会中所占比例仅为22.6%。

---

① 韩冬杰.北欧女性参政特色及形成原因分析[D].石家庄:河北师范大学,2016.

为了保障女性的合法参政地位,北欧各国政府通过制定法律体现"性别平等"。挪威于1979年颁布《男女平等地位法》,丹麦于1976年颁布《两性平等报酬法》,瑞典于1991年颁布《男女平等机会法》……北欧民主化的社会环境为女性参政提供了稳定的保障机制,这些法律制度提高了女性参政的积极性。

北欧地区政治民主的传统、宽松的社会环境、高福利的社会政策、完善的法律制度为女性参政提供了坚实的保障,使得北欧女性有了挣脱家庭束缚的勇气,也使得女性参政成为可能。

同时,北欧地区女性受教育程度普遍较高。这些接受过高等教育的女性对社会活动有更高的积极性。她们希望通过积极参政表达政治诉求,这也对政治生活产生了实质影响。女权运动的兴起直接推动了北欧女性争取自身权利的运动,对北欧女性参政起到了促进作用。"妇女要比男人更加爱好和平、更有道德、更加慈善,因此,应该向她们提供更多的机会来影响社会,而社会也从她们的特殊观点中获益。"冰岛总统芬博阿多蒂尔的当选,正是国内人民希望女性用温和的处理问题方式使得社会更加平和。

男性首脑统治的国家,往往表现出一种对于权力的争夺,更关注主权、军事等政治问题。而女性首脑,则更加注重一些往往容易被传统男性政治忽略的领域。比如,文化传承、教育医疗、贫困疾病、反对战争等。女性政治家一般鼓励发展福利社会,更多将政策关注放到改善人民实际生活中来。

同时,她们走向权力的巅峰也促进了本国妇女运动的发展,促使政府更多地关注妇女、儿童问题。挪威第一位女首相布伦特兰夫人就曾积极致力于环境保护工作,她提出的"可持续发展"概念已经成为世界环保工作的重要议题;芬兰前总统哈洛宁主张促进国内充分就业,建立高福利国家,并且反对军事结盟策略,关注弱势群体。这些都是女性对本国乃至国际社会的特殊贡献。虽然每一位女性领导人的风格不尽相同,但她们大多具有较高的学历、高超的处理问题能力、旺盛的精力以及良好的形象气质。在执政时,她们往往能表现出一种"柔性的力量",主张对话协商解决问题。

综上所述,北欧女性领导人的"取胜之道"不同于英国前首相撒切尔夫人的强硬,而是更多地体现出女性的柔和。这一点在国际事务中体现得更为明显,她们用"合作"思维替代男性的"控制"思维,认为只有实现共同安全才是真正意义上的安全;只有通过平等合作才能实现互利共赢。实际上,从北欧以及世界其他地区女性政治家所取得的成就来看,很难说男性比女性在国家治理上更优秀,而在女性参政并做出卓越贡献后,女性当权也被越来越多人接受。

第四章　种族、偏见及亲和力
——拉脱维亚前总统弗赖贝加

第一节　动荡前生：战火中求生，异乡求学

  一个因战火而被迫逃离故土的 5 岁女孩，在国外流亡漂泊 50 余年后成为她的国家有史以来第一位女总统，她努力带领她的同胞抚平战争创伤，重新融入欧洲发展的新历史——这个近乎模板的励志故事不是迪士尼动画，而是拉脱维亚前总统瓦伊拉·维基耶-弗赖贝加的真实人生。

  弗赖贝加曾在接受英国广播公司（BBC）记者采访时，提起一张旧照片。那时候她才 5 岁，照片中的小弗赖贝加梳着齐刘海，娃娃脸，大眼睛，眉头微蹙，嘴唇紧闭，这个面对镜头稍显紧张的女孩裹在厚厚的大衣里，毛茸茸的帽子将她衬得小巧可人。当时的小女孩怎么也想不到，拍下这张照片后不久，纳粹德国和苏联接连进入拉脱维亚，在这片土地上展开争夺。年仅 5 岁的弗赖贝加被迫成为难民，开始了长达半生的流亡生活。弗赖贝加对那段混乱的岁月记忆犹新，尤其是 1944 年，当苏联红军再次进入拉脱维亚，那些挥舞着红

旗、高举着拳头的人给她留下了深刻的印象。

但5岁的孩子能懂什么呢?有一次,当他们中的一个走过时,小弗赖贝加也学着他们举起拳头大喊:"好哇!"

这时,她转头却看见母亲倚在路灯柱上,伤心欲绝,眼泪顺着脸颊流了下来,她说:"孩子,请不要这样做。对拉脱维亚来说,这是非常悲伤的一天。"

从这天起,小弗赖贝加隐隐约约感到有些事情不一样了,拉脱维亚不再是以前的拉脱维亚了。

不久之后,弗赖贝加的父母做出了离开拉脱维亚的痛苦决定。直到几十年后,在接受BBC的采访时[①],弗赖贝加仍能清楚地记得,他们一家人在1945年新年的晚上乘上了一艘载有军队和武器的运输船。还有很多拉脱维亚人像他们家一样,聚集在甲板上,他们紧紧依靠在一起,唱着拉脱维亚国歌为自己壮胆,祈祷不要被鱼雷击中。这些拉脱维亚平民不惜一切代价逃离苏联铁骑,在茫茫大海上躲避着鱼雷和空袭。但即便运气极好,抵达了各地的难民营,他们迎来的也是极其恶劣的生存环境——弗赖贝加的小妹妹得了肺炎,仅仅10个月大就去世了。近一年后,母亲又生了一个男孩。对小小的弗赖贝加来说,残酷的战争已经将"生命"这件事蒙上了阴影。

弗赖贝加回忆说:"当时一个18岁的女孩和我妈妈躺在同一个房间里。她生了一个小女孩,却不想要这个可爱的孩子。她不想给孩子取名,甚至不愿意与此事有任何关系,因为这个孩子是苏联士兵轮奸的结果。"弗赖贝加一直都记得,每次护士把那个可怜的孩子抱到年轻的母亲身边时,她都会把脸转向墙,崩溃地哭着,拒绝和孩子说话。护士给这个孩子起了名字——玛拉。"那是我已经去世的小妹妹的名字。我觉得这太令人难过了。和我的小妹妹相

---

① From child refugee to president: Latvia's Vaira Vike-Freiberga[EB/OL].(2019-08-04)[2022-10-22]. https://www.bbc.com/news/world-europe-49119077.

比,这个刚出生的玛拉活了下来,这多么幸运啊!但她在这个世界上却是绝对不被需要的,被她母亲视为错误;而我们所渴望的玛拉,却被夺走了。我意识到生活真的很奇怪,当然也很不公平。"

小弗赖贝加瑟缩着待在爸爸身边,看着这个同样名为"玛拉"的小生命流泪,闭上眼想起那个破旧收音机里传来的战况消息。旁边船只被击沉的轰鸣不时地打断广播声。这个可怜的年轻妈妈和她可怜的孩子让弗赖贝加进一步认识到战争的残酷——对女性而言,战争加倍残酷,要躲过战火,还要躲过男性在此种疯狂处境下非常态的欲望和怒火。

残酷的战争成了弗赖贝加的人生第一课。生命、祖国、他乡、故土……这些沉重的概念伴随着炮火轰鸣不由分说地降临在这个小女孩面前。她别无选择,无处逃避,只能用这种最直接而残酷的方式,在直面生活本色的同时迅速成长。从此,小弗赖贝加跟随家人开始了无止境的迁徙。他们先是西行,第一次来到了满目疮痍的德国,然后又搬到法国统治下的摩洛哥,最后在1954年搬到了大洋彼岸的加拿大。在这十年中,小弗赖贝加先是在吕贝克一个难民营的拉脱维亚语小学里上学,又在摩洛哥的学校里学了法语,然后在多伦多用英语完成了高中学业并顺利进入大学。

弗赖贝加当时虽然辗转各地却没有荒废学业,回想起这段时光,她会真心实意地感慨自己的幸运,但她也不会忘记在摩洛哥她差点丧失了上学的机会,直接被"逼婚"。"在半夜,我们被一辆卡车扔出去,虽然那只是一个难民组成的临时小村庄,但对我来说那是一个微型世界。"弗赖贝加记得,在那个小村庄里,有各种各样的外国人——法国人、西班牙人、意大利人……他们一家人暂时就在这里落脚。弗赖贝加的父亲有一位阿拉伯同事,一天,他无意间看到了还是个孩子的弗赖贝加,居然认真地跟她父亲说想要娶她:"虽然她年龄不大,看上去还是个孩子,但她的身体已经完全准备好结婚了。"弗赖贝加记得很清楚:"这个阿拉伯人给我准备了 15,000 法郎的嫁妆。他先提供了一头驴和一头牛,后来他不断提价。"好在父亲拒绝了他:"她只是一个孩子,她必须去上学。没关系,我们愿意让她完成学业。"

尽管弗赖贝加的父母对此一笑置之,但这件事实实在在让弗赖贝加震惊不已。她本以为离开摩洛哥,漂洋过海、不远万里来到加拿大,这颗伤痕累累的心终于可以稍稍休憩,没想到等待她的却是赤裸裸的性别歧视。

弗赖贝加 16 岁时在一家银行找到了一份工作,但她始终向往着大学,于是一边工作一边上夜校。她凭借自己的努力考上了多伦多大学,并进入维多利亚学院学习文学和心理学,最终于 1965 年获得博士学位。但她回忆起大学时光,却并不是那么愉快。

她回忆起考试的那一天:"登记员手上有一份受试者名单,我接过名单翻来覆去地看,在各个学科专业的名称中搜寻。突然,我看到了一个长单词,以 p 开头,以 y 结尾(即 psychology,心理学)。我把手指放在上面说,'先生,这是我想要学的'。"就这样,弗赖贝加开始了她在心理学领域的求学之路。但她很快就意识到了,即使是在声称"民主""平等"的西方,即使是在受教育程度普遍较高的大学校园里,在知识分子学术圈里,女性仍然只是"被容忍"的,是不"受欢迎"的。弗赖贝加曾对 BBC 记者回忆自己学生时代参加过的一次高规格学术研讨会。在那次会议上,一位深孚众望的男性教授不以为意地说:"要知道,实际上已经有 3 个已婚妇女参与我们这个博士项目了。这是一种浪费,因为她们要结婚、要生孩子,但她们现在占着这个位置和这些学术资源。如果把这些给男生,那个男生一定会成为一个真正的科学家。"

正是从这次研讨会开始,弗赖贝加下决心向这位性别歧视的教授证明、向所有对女性有偏见的人证明、向这个世界证明:"女性甚至可以比他最喜欢的男孩更成功。"

弗赖贝加做到了！她先后从多伦多大学和麦克基尔大学毕业，获文学学士、文学硕士和实验心理学博士学位，并于1965年获蒙特利尔大学心理学博士学位，后长期在该校任心理学教授。自1957年以来，她一直积极参与当地的社区服务和活动，重点关注拉脱维亚的身份和文化问题，以及波罗的海国家的政治前途。作为拉脱维亚移民知识分子中的领军人物，她始终对拉脱维亚的民间传说有着浓厚兴趣，并与她的丈夫，同样是拉脱维亚难民的伊曼茨·博雷博格一起成为拉脱维亚民歌收藏家，他们潜心研究拉脱维亚民歌，出版了《在琥珀山》《太阳的歌谣》等文化研究著作。与此同时，她还对符号学、诗学和计算机可访问文本的结构分析进行了学术研究。在此期间，她写了10本书，约160篇文章，用英语、法语或拉脱维亚语发表了250多篇演讲稿，并以各种语言接受了许多电台、电视台等媒体的采访。弗赖贝加逐渐成为一位著名的语言学家和心理学家。同时，除了单纯的教学和科研活动外，她还是拉脱维亚和加拿大科学院成员，先后担任加拿大心理学会会长、加拿大心理学联盟副主席、加拿大社会科学联合会副主席、加拿大科学委员会副主席和波罗的海人研究联盟副主席等职。

假如弗赖贝加的故事在这里停止，以旅加著名女性学者作为结尾也已经近乎圆满了。但拉脱维亚始终是弗赖贝加心中忘不了、放不下的"白月光"——在斯堪的纳维亚半岛漫长而破碎的海岸线上，大片针叶林枝叶茂密。数十年过去了，即使幼时在里加的生活只剩破败残影，弗赖贝加在午夜梦回之时还是清楚地听到故国的呼唤。

"二战"期间，拉脱维亚作为东欧前线要地，成为苏德两军军事地图上一枚重要的棋子。这对于一个小国而言，无疑是灭顶之灾。希特勒的坦克部队和斯大林的战士在此展开拉锯战，拉脱维亚的政权也随之反复变更，而每次变更前后都伴随着残酷的战争和惨无人道的"清洗"。独立不过30年的拉脱维亚，最终又变成了"拉脱维亚苏维埃社会主义共和国"。苏联政权就像一张从天而降的大网，紧紧地缠绕住这片备受摧残的土地。大批拉脱维亚公民被迫离开里加，离开肥沃的东欧平原，他们被驱逐到千里之外的西伯利亚冰封之地。同时，大批讲俄语的移民从苏联的边远地区涌入。战争结束后本应重建家园，和平本应带来稳定和富足，但在拉脱维亚，本土拉脱维亚人的比例从1939年的四分之三以上降到20世纪80年代末的不足一半；俄罗斯人在拉脱维亚总人口中所占的比重从战前的10%左右增长到1989年的34%。在拉脱维亚的大城市，甚至包括首都里加都是如此，拉脱维亚人在自己的国家却成为事实上的少数民族。苏联政权强行抹去拉脱维亚人的民族身份，以至于半个世纪以来，拉脱维亚人都只能在俄国化政策的威胁下勉强维生。

尽管远在大洋彼岸，但弗赖贝加对祖国和同胞所遭受的一切都了解得清清楚楚。在2005年接受《国际大都会》采访时[1]，弗赖贝加坦言，她在1969年曾收到拉脱维亚科学院的邀请，但当时的拉脱维亚还在苏联统治之下，整个社会处于一个极其严格的控制系统中。"无论你来自哪个学院，是秘书长或是其他什么职位，只要你出席演讲，那你就处于秘密警察的监控之中。"她甚至边说边笑了起来："有两个秘密警察专门负责我，就连我的家人也处于他们的控制之下。我们提交了很多申请，克服了很多困难，我的两位家人才获得许可来到位于西海岸的隶属于里加市的利耶帕亚，那里有海军军事设施。他们由一位俄罗斯绅士陪同来到这里，如果没有这位绅士在场，我是绝对不可能与我的祖母或其他人说半个字的。当然，即便如此，我们的所有交流也必须通通上报。此外，酒店的所有房间都被装上了窃听系统。我们时常在半夜被电话铃声惊醒，有时凌晨一两点有电话打进来，我接起来，电话另一端却没有人回答。无

---

[1] Entretien avec la présidente lettone Vike-Freiberga[EB/OL].(2005-07-01)[2022-10-22].https://cosmopolis.ch/fr/entretien-avec-la-presidente-lettone-vike-freiberga/.

论去哪里,我都能在回头时发现两三个明目张胆的跟踪者。这种氛围、这个严密的系统明确地告诉了我,在这里我受到密切关注。这是一个受控制的系统,你必须明白,对系统进行任何挑衅或是反叛都是没有意义的。"

这不是弗赖贝加想要的拉脱维亚!

就像弗赖贝加在1999年纪念冷战结束发表的演讲中所说,1945年的春天给西欧带来了自由,却给另一些国家带来了50年的停滞。其中最糟糕的便是包括拉脱维亚在内的波罗的海三国——它们作为独立国家从地图上消失了。对他们来说,"二战"直到1991年才真正结束,那时他们重新获得了独立。①

1991年苏联解体,拉脱维亚宣布独立,定居国外的大批拉脱维亚移民回到国内,这片久经蹂躏的土地终于要迎来新生。

1997年,瓦伊拉·维基耶-弗赖贝加从蒙特利尔大学一退休就背上行李搭乘飞机,飞回祖国拉脱维亚,担任拉脱维亚研究所所长,全心全意地推广拉脱维亚的民族文化。

当年那个面对镜头显得有些紧张的小女孩,在战争和流亡的磨砺下已经长大了。她一头亮眼的红褐色头发高高盘起,穿着剪裁合体的套装,配着经典的珍珠耳环和项链,眼神明亮,嘴角含笑,温和而坚定地走向拉脱维亚的新未来。此刻的弗赖贝加还不知道,用不了多久,命运就会把她推到另一个历史的分岔路口。

---

① 弗赖贝加在1999年纪念冷战结束发表的演讲。Commemorating the end of the cold war [EB/OL]. (2007-09-18) [2022-10-22]. www.jyu.fi/ajankohtaista/arkisto/1999/11/tiedote-2007-09-18-14-39-13-082829/.

第二节 文脉根深:我从来不曾忘记我是一个拉脱维亚人

1999年,瓦伊拉·维基耶-弗赖贝加参加了拉脱维亚的总统竞选。

许多人怀疑,这个从未有过任何从政经历、在国外生活了55年的红发女人,能否在以男性为主的拉脱维亚政坛站住脚。令观察家们大跌眼镜的是,她作为一名无党派人士,获得了祖国党、自由党、人民党和社会民主党等的支持,在选举中获胜。虽然弗赖贝加并未参与第一次投票,但她是由拉脱维亚议会集体选出的候选人,最终成功当选拉脱维亚总统。

当时的拉脱维亚政坛分裂动荡,在大选前的6到8个月里,有关候选人的争论很激烈,第一轮投票的辩论显示了民众对各方提出的官方候选人的批评和不满。由于各个党派选出的候选人都无法赢得其他各方的选票,第一轮选举只好取消了这三方各自提名的正式候选人的候选资格。因此,议会必须重新找一位候选人来弥合党派之间的裂痕。就在第二轮投票前两天,议会商议后决定邀请弗赖贝加作为1999年拉脱维亚的总统候选人。

几乎没有什么反应和准备的时间留给弗赖贝加,参选总统的邀请就到了眼前。之后在面对记者谈起这件事时,她还忍不住打趣:"说真的,如果我知道我回来是要为这个国家掌舵,而不仅仅是为我个人的生活掌舵的话,我一定多收拾几个行李包!要知道,我那次回国真的就背了一个行李包而已!"

然而,当时的情况根本不允许她做任何多余的思考。登上归国的飞机时,弗赖贝加的确是想着要回来为拉脱维亚做些什么,她默默盘算着拉脱维亚的民族文化复兴,没想到迎来的竟是拉脱维亚议会的一纸总统竞选邀请。她当时从没涉足过政界,更别提当总统,就连参与竞选最基本的选举经费以及宣传活动都没有。但弗赖贝加下意识地觉得这是一个很好的机会。她对记者说:

"我接受了。我不会拒绝。"①

然而,当选是一回事,当政又是一回事。在当选之初,不少人还是抱着惯常的刻板印象和猎奇心态,等着看这位常年旅居国外的女学者要如何收拾旧山河。拉脱维亚这个地处铁幕边缘的前社会主义阵营盟国该如何在欧洲重新找到它的位置与出路?经历了"二战"苏德双重压迫和政治大变局的民族能否重拾它的特色?

这是弗赖贝加必须面对的挑战,同时也是她最好的机会。虽然当时她从未涉足政坛,但在拉脱维亚学术界她早就声名远扬。几十年来,她一直关注拉脱维亚的身份和文化问题,以及波罗的海国家的政治前途问题——"我的父母从来不让我忘记我是一个拉脱维亚人"。

就像弗赖贝加在之后的访谈中所言,促使多个立场迥异的政党都支持她的原因可能是,一群知识分子、艺术家和科学家聚集在一起为弗赖贝加做了游说。他们向媒体和议员发出公开信,支持她获得总统的候选资格。幸运的是,民众的态度非常积极。

弗赖贝加记得,在选举的那个晚上,有人跑过来告诉她拉脱维亚的民众是多么欢迎并且期待她的上任。这令她十分兴奋,因为选举的悬念几乎持续到午夜,而所有投票的民众也守到了午夜。每个人都守在家里看电视,公寓里爆发出一阵阵巨大的欢呼声。很多人认为弗赖贝加的胜选对拉脱维亚人民来说是一次伟大的胜利,因为她不曾与政治或经济圈子有任何瓜葛,也无须感激任何政党或权贵,因此,弗赖贝加将成为一个完全独立的总统——除了人民,她无须对任何人负责。

弗赖贝加很明白,她能在学术圈,特别是在拉脱维亚的普通民众中一呼百

---

① Entretien avec la présidentelettone Vike-Freiberga[EB/OL].(2005-07-01)[2022-10-22]. https://cosmopolis.ch/fr/entretien-avec-la-presidente-lettone-vike-freiberga/.

应,很大程度要归功于自己不但是拉脱维亚民间文化的专家,更是积极倡导拉脱维亚独立运动的活动家。在接受法国记者采访时,弗赖贝加直言:"我不仅因为在拉脱维亚文学和民间传说方面的工作而闻名,而且因为我关于拉脱维亚身份以及坚持拉脱维亚独立的演讲而闻名。"

在漫长的流亡岁月里,弗赖贝加所做的不仅仅是在德国的难民营中照顾父母,她在摩洛哥和法国的保护区里一边学法语一边艰难求学,在加拿大半工半读获得学位,在此期间,弗赖贝加熟悉了全国各地的拉脱维亚难民社区。弗赖贝加从一个社区宣传到另一个社区,"我告诉他们,我们所有人支持的目标应该是建立自由、独立和民主的拉脱维亚;我向我的同胞们一遍遍地讲述这个目标实现的可能性和我看到的现实是如何演变的"。弗赖贝加说:"我很多次谈论关于拉脱维亚的身份以及我为什么一定要保持这一身份,而且要呼唤我的同胞们和我一起来保持这种身份。因为我们不得不依靠它作为确保家园恢复自由的重要的工具之一。这一直是我演讲的核心主题。"

谈起这些面对大众、深入大众的活动[1],弗赖贝加回忆起1988年在拉脱维亚的一次演讲。这时,距离弗赖贝加1969年那次回国已经过去了近20年。在这20年里,原本势均力敌、剑拔弩张的两极格局逐渐失衡,倾倒的政治天平让苏联的各个加盟共和国逐渐分崩离析。此时的东欧暗潮涌动,秘密警察逐渐失去了在拉脱维亚的特权。这是弗赖贝加第一次被允许在没有秘密警察控制的情况下与公众交谈。"我不得不在距离里加不远的一个小镇举行的特别代表大会上发言。在通常情况下,当局不可能让任何人离开首都,对于他们和民众的任何接触都要严加控制。但那一次,在那个小镇上,我能够自由地和各种各样的客人交谈,包括知识分子、对文学感兴趣的人,甚至已经是自由活动

---

[1] Interview with the Latvian president Vike-Freiberga[EB/OL].(2005-07-16)[2022-10-22].https://cosmopolis.ch/interview-with-the-latvian-president-vike-freiberga/.

家的人。紧接着,在未经秘密警察许可的情况下,在那届大会闭幕之际,我在里加的国家大剧院获得了发言权……我记得那天的剧院满满当当,我站在台上,为拉脱维亚的自由慷慨陈词,强烈的爱国情感感染着我。这已经是1988年了,当拉脱维亚当局的秘密警察放松对我们这些返回里加的流亡者的严格控制时,我就在想方设法地和公众接触了。"

正是在长年累月的实践活动里,弗赖贝加深刻地感受到,在这样的特殊环境下,不能只相信和依赖媒体,她必须直接去和人们说话。正是凭借在人民群众中的超高人气,弗赖贝加成为拉脱维亚流亡者中的意见领袖,开始参与到拉脱维亚的独立运动中来。

在当时的某些报纸上,很多人抱着不可说的目的质疑她的所作所为,对她苛责备至。她的女性身份、她的西方留学背景等都成为别有用心者进行臆想和攻击的方向,甚至有报纸认为她其实只是一个骄奢淫逸的拜金主义者,在西方过着奢侈的生活,趁着东欧解体、政治局势大变之际,打着"独立"的幌子回国敛财,背后还有一个庞大的团队来制造她的神话,帮助她欺骗拉脱维亚人民,诱使拉脱维亚从铁幕这一边掉入铁幕另一边的陷阱里。

实际上,弗赖贝加和她的家人一直在为拉脱维亚的独立和民族文化摇旗呐喊。在各地发表演讲的同时,弗赖贝加也在一刻不停地出版图书。那些通过演讲收集到的资金,被全部用于拉脱维亚独立活动和民族文化的复兴。她和丈夫一起出版了一本包含4,500首拉脱维亚民谣歌曲的集子,这是拉脱维亚民间传说的一个重要元素。幸运的是,这本书得到了学界的广泛支持,"作家联盟主动提出在里加正式出版我们的书"。原本这本书是在蒙特利尔出版的,但在里加出版的时候,几乎所有里加名流都被邀请了,特别是那些受到尊重并发表意见的人。当时,诗人、剧作家等各类知识分子努力突破限制,在条条框框中表达意见。所有受到尊重的画家、知识分子和科学家都是如此,他们都在追求拉脱维亚的独立。在与作家联盟合作时,人们已经看到了人民阵线形成的第一个信号,而弗赖贝加的民谣歌曲集与拉脱维亚的人民见面之际,正是联盟会员的成员开始收集签名以创建人民阵线之时。

当图书出版时,弗赖贝加和丈夫还在蒙特利尔当老师,尽管无比牵挂拉脱维亚的一举一动,她却无法立马回国。好在弗赖贝加的儿子在1989年夏天搬回里加,以帮助6个月后建立的人民阵线展开活动。他最初是《前线》英文版的出版商,每周发布一次最新的新闻事件。很快,他又与同事一起创办了一份名为《波罗的海观察家》的英文报纸,这家报纸后来与《塔林报纸》合并,且继续以《波罗的海时报》的名义刊行。弗赖贝加说起儿子,脸上浮现出一丝自豪:"我们的儿子回到这里,安顿下来,当记者,参加公民运动。"提到当时的自己和丈夫,她又不免有些遗憾:"我们当时只能留在加拿大。"

拉脱维亚身份和民族文化是弗赖贝加在流亡岁月里与祖国最深刻的联结,也是她在上任后重建拉脱维亚国民性的关键。

弗赖贝加从一开始就很明白,拉脱维亚已经经历了几个世纪的衰落,战火的蹂躏、国民的离散、外族的入侵、异化的统治……这个伤痕累累的北欧小国亟须一场文化和政治的重生。弗赖贝加上台之时,这个小国仍留有过去的殖民统治阴影,并处在全球后现代主义的背景之下,它必须努力建立一种新的、独立的、民族的、解放的自我叙事。

弗赖贝加决心将拉脱维亚从东部邻国曾强加于它的文化一元论中解放出来,她在引入各种流行元素、重新活化拉脱维亚民族文化的同时,专门拨出大笔资金支持拉脱维亚历史学家委员会进行新的历史叙事和历史书写。

在新的拉脱维亚叙事里,从前被忽略、隐瞒的细节被一点点细细发掘。对于拉脱维亚曾遭受的苦难,弗赖贝加从来都不曾忘记:"多年来我们一贯认为拉脱维亚人第一次被驱逐出境是在1941年6月13日至14日纳粹德国入侵时。虽然我们刚刚才纪念过这个日子,但是驱逐真的是从这一天才开始的吗?这个问题引起了大约1万人的关注。同时,我们还在搜集流亡者的名单,现在已经找到了15,424个人的名字,这是一个与之前的说法截然不同的数字。关于在大屠杀中死亡人数的研究也在继续,我们能够更精确地说出有多少人被杀,这些杀人事件发生在何时何地。我们正在对大屠杀中死亡的犹太人的名单进行盘点,即使他们已经离世,他们的亲属也对他们的命运感兴趣。虽然我们还没有掌握在随后的驱逐浪潮中被驱逐出境的所有人的完整记录,但我们有关于1949年3月24日的更多信息——新的证据告诉我们,这一天内有约45,000人从波罗的海国家被驱逐出境……"[1]弗赖贝加和历史学家一起从这些名单、数据、列表出发去展开思考,思考当时到底发生了什么。

答案在档案里,而档案在莫斯科。弗赖贝加对这些原本就属于拉脱维亚,本应留在拉脱维亚的文件念念不忘。在国外的那些年,她一边学习和思考"民主""平等",一边透过冷战铁幕艰难凝视着自己的祖国。弗赖贝加说:"我们一直希望能审查苏占时期拉脱维亚秘密警察的档案,尽管他们只留下了部分数据,并且这其中还有很大一部分有伪造的嫌疑。莫斯科已经着手开始对档案进行分析,拉脱维亚更应该如此。不幸的是,当时的拉脱维亚历史学家没有获得研究经费,因为刚独立的拉脱维亚政府正处于转型期,苏联的解体仿佛当头一棒,将整个东欧砸得晕头转向。经济该怎么办?政治该怎么办?一切都亟待重建,文化和历史在这种情况下被政客们抛在了脑后。"对此,弗赖贝加遗憾又无奈:"如果我早一点上任,就算是借钱,我也要把我们的学者送去莫斯科,把我们的档案带回来。"

在宏观层面推进国家历史新书写的同时,弗赖贝加也不曾忘记她一直心

---

[1] HIDEN J. The hidden and forbidden history of Latvia under Nazi and Soviet occupations 1940—1991[M].Riga:Institute of the History of Latvia, 2005.

心念念的拉脱维亚民谣。在里加的"拉脱维亚1940—1991年被占领博物馆"的陈列中,展出了一首描写被流放到西伯利亚的拉脱维亚人的民谣,其中一段是这样的:"那些看上去非常廉价的东西有多么珍贵,当家乡的面包都被吃光的时候,我们靠蕴藏在思想里的种子坚持着。"为什么一首简单的民谣就能串联起一个国族动荡百年的命运,让她漂泊流浪的孩子立马回魂?2009年的夏天,在柏林的文化外交国际研讨会上,弗赖贝加向在座的国家代表们说出了自己的理解:"这些代代相传的民族传统歌曲就是拉脱维亚文化的典型代表,它们能够在外国统治者强加的文化同质化中生存下来,本身就说明了拉脱维亚民族文化的强大生命力。"因此,尽管拉脱维亚从苏联独立的时间很短暂,但是它那口口相传的民谣迅速与百年历史的歌剧传统相结合,衍生出了不少东北欧歌剧世界里的经典之作。弗赖贝加收集和保存下来的那些拉脱维亚民谣借助于拉脱维亚歌剧的新形式重新迸发出新生命。从此,拉脱维亚民族歌剧被认为是波罗的海地区最重要的歌剧,成为这个小国最亮眼的文化旗帜。

这种信心和活力的恢复促进了国内文化领域的繁荣,成为拉脱维亚民众的强心剂。弗赖贝加尝到了甜头,并决定以文化外交的方式重建拉脱维亚在国际舞台上的地位。

弗赖贝加对此是这样解释的:"我们的国家被占领长达半个世纪,尽管它并没有从地球表面消失,但它却被堵住了嘴,失去了声音——因为没有谁可以代表我们的国家进行外交。"她补充说:"国家的软实力和外交在逻辑上的前提就是主权民族国家的存在。只有主权国家可以自由地培育自己的文化遗产,进行双边互利的交流。"如何作为一个独立主权国家充分发挥拉脱维亚的潜力,却不去踩其他国家的"脚趾",不伤害他们的感情,同时也防止拉脱维亚被伤害？这是弗赖贝加一直思考的问题。①

成为总统之后，弗赖贝加也一直保持着她敏锐的学者眼光。她很明白，尽管战火远去，冷战结束，但当下的国际局势和拉脱维亚在世界舞台上所处的位置是微妙的——大国林立之下，弹丸小国如何安身立命？弗赖贝加指出，就像许多小国一样，长期以来，拉脱维亚没有在庞大的权力游戏中做选择的余地，这种局面必须要得到改变。因此，弗赖贝加一直在提倡国家间的文化交流和合作，她希望面对各国文化的宽容心态能推进这个问题的解决："没有一个国家是一座孤岛。相互尊重、理解和合作是在欧盟这样一个相互依存的机构中，甚至在全球范围内蓬勃发展所必不可少的。因此，拉脱维亚活跃的艺术交流是该国促进政治和文化领域国际战略合作宝贵的一部分。这些交流，以及许多其他因素，显示了软实力将一个国家从一个摇摇欲坠的苏联卫星国转变为一个欣欣向荣的民主国家的潜力，其目的是保护国内的文化生产，以及为在海外促进互利的外交而努力。"

也正是由于这样的原因，拉脱维亚这样的小国家在国际舞台上也可以像个发光的灯塔，它迅速成为经济增长速度最快的欧洲国家之一，政治民主化的水平也大幅提高。

原本针对弗赖贝加的质疑不攻自破——这个常年在大洋彼岸生活的女性学者，在时代浪潮里力挽狂澜，将拉脱维亚调转龙头，冲破近百年的禁锢和压抑，在20世纪末为它找到新的光明道路。

弗赖贝加的学者身份既让她得到了一些知识分子的尊重和认同，也曾让她备受质疑。别忘了，聪明的弗赖贝加拿到的可是文学和心理学的双学位，也就是说，她不但是个文化学者，还是个心理学家。但此时的拉脱维亚在苏联的

---

① LECA D. The latvian experience [R]. The International Symposium on Cultural Diplomacy Berlin, 2009:30-32.

统治下几乎已经度过了半个世纪。而苏联体系不相信心理学——这种专注于人类本身的学科被认为过于资产阶级和个人主义。因此,那些成长于苏联时代的拉脱维亚人对弗赖贝加的心理学家身份接受度并不高。

在弗赖贝加看来,这种偏见是不可避免的。她在接受外国媒体的采访时坦言:"在担任总统时,我一直被记者问'心理学家怎么能成为总统',如你所见,通常大家都会认为总统应该是受过最好训练的律师,或者是来自那些受过专业政治学科训练、有实际行政经验和熟悉商业的人。"弗赖贝加没有一处符合,但面对各种质疑,她从未露怯:"我认为我在成为心理学家的过程中受到了出色的智力训练——我知道怎么与公众打交道;我可以清楚地表达想法,也理解说服的艺术;我了解思维与沟通的运作方式。"

是的,弗赖贝加没有行政经验,但她的能力是她的底气,她很坦诚:"我担任总统时,作为心理学科研人员的智力培训和经验帮助了我。我必须很快学会很多东西来填补我个人经历的不足——例如拉脱维亚的法律制度、欧盟的行政框架……我很感谢实验心理学的训练。说实话,我认为这种经历对你在生活中所要做的任何事情都是一种极好的智力训练——特别是如果你要做的事情涉及吸收大量信息,并要求你在尽可能了解所有细节之后迅速区分什么是必要的、重要的。"弗赖贝加半开玩笑地打趣道:"比如我现在在做的总统工作。"①

女性从政,文人治国,弗赖贝加所面对的质疑和阻力远比人们想象的大。但这个果敢又从容的女人似乎一直都保持着她那学者的敏锐和远见,以及女性特有的知性和韧性。她稳稳地走向总统的位置,又带着她的国家和同胞走向更好的未来。

---

① DINGFELDER S F. From psychologist to president[J]. Monitor on psychology, 2010, 41(1):36.

第三节　力破偏见:做一个女人是我的优势

即便以压倒性优势成功当选总统,瓦伊拉·维基耶-弗赖贝加仍因为她的女性身份备受争议和质疑。

曾有记者很直接地问她:"成为女总统是否会带来任何特殊挑战?"

弗赖贝加的回答也很坦诚:"与世界上大多数其他国家一样,拉脱维亚社会仍然存在一定程度的性别歧视。我记得有一次,当我不得不寻找一位新的总理时,我邀请了几位潜在的候选人到城堡接受采访,并向在场的媒体介绍他们。我提到了我有考虑选择女性,并且已经确定了两位女性候选人。当时记者们哗然一片。"

更有趣的是,这样的质疑不仅来自男性记者,而且来自女性记者。实际上,地处东北欧的拉脱维亚不仅和世界上大多数其他国家一样,甚至比世界上很多国家的性别歧视传统更严重。弗赖贝加怎么会不明白呢?她跟一位持怀疑态度的女记者聊了聊。弗赖贝加很尊重这些反对意见:"你问我是否理解你的痛苦来自让总统和总理属于同性的想法?那我想请问你,令你痛苦的到底是什么?请放心,在拉脱维亚的整个历史中,在我当选之前,总统和总理都是同性的,而且似乎没有出现任何特殊问题。为什么现在性别成为大家关注的焦点呢?就因为曾经是男性而现在是女性吗?"[①]

没错。就因为是女性。

比旅加学者身份更受攻击的是弗赖贝加的女性身份。就连记者提问的潜意识里也暗含着"女性"意味着"特殊挑战"这样的前提。但弗赖贝加认为,女

---

① DINGFELDER S F.From psychologist to president[J].Monitor on psychology,2010,41(1):36.

性身份对于她的总统生涯来说是一个巨大的优势条件。

"做一个女人是我的优势",面对BBC记者,弗赖贝加回忆起2006年在伊斯坦布尔召开的北约峰会的情景。

那天,弗赖贝加穿着一套浅蓝色西服套装,外套上的银色暗纹明明灭灭,脖子上的珍珠项链莹润亮泽,被一圈碎钻团簇着的线条流畅、切割立体的蓝宝石缀在胸前,枣红的唇膏和红褐的柔顺盘发相得益彰:"布什总统轻轻扶着我的肘部,因为我穿了一双略微有点跟的鞋,而这是一条砾石路。我们慢慢地走着。我尽我所能告诉他扩大北约是多么重要,特别是把拉脱维亚接纳在北约内有多么重要。我向他介绍我们取得了多大进展,以及拉脱维亚是多么善意而真诚。在那条砾石路上,我们慢慢地走着,愉快地交谈,享受着这短暂的散步时光。我尽可能多地将拉脱维亚的宣传传达到他的耳中。我相信他听到了,我相信他感受到了拉脱维亚的善意。"①

2004年3月和5月,拉脱维亚如愿成为北约和欧盟成员。

如你所见,弗赖贝加的个人魅力为拉脱维亚在世界舞台上争取到了更多的机会。她曾坦言:"我几乎将所有收入都花在打扮上了。这样站在日本皇后、英国女王、荷兰女王和其他第一夫人面前,我才不会黯然失色。在公共场合显得大方迷人,代表拉脱维亚的形象,这是我的责任。"②

弗赖贝加一直保持着她独特的女性魅力。政治有分歧,国家有边界,但美丽是共通的。就像在联合国秘书长候选人第二轮意向性投票之后,弗赖贝加再次成为半路杀出的又一匹"黑马"一样。对于其他国家的普通民众而言,弗赖贝加这个名字或许还很陌生,但对于联合国来说,这个热心于改革的端庄女

---

① From child refugee to president: Latvia's Vaira Vike-Freiberga[EB/OL].(2019-08-04)[2022-10-22].https://www.bbc.com/news/world-europe-49119077.
② 秦德君.领袖形象的政治艺术[M].上海:复旦大学出版社,2009:43.

总统已经成了波罗的海国家的代表和象征。就连2006年联合国秘书长的竞选,弗赖贝加也是作为拉脱维亚、爱沙尼亚和立陶宛三国领导人的联合提名人参选的。拉脱维亚当时的总理卡尔维季斯说,弗赖贝加在任总统期间十分重视对外政策,她的活动得到国际社会特别是联合国的高度评价,她早前也因此被任命为负责联合国改革问题的联合国秘书长特使。弗赖贝加也明确表示愿意担任秘书长一职,说自己是一个"喜欢迎接挑战的人",一个对"自己感兴趣的建议原则上绝不拒绝的人"。作为唯一一位女候选人,弗赖贝加在这场角逐中,确实拥有独特的优势:女性的魅力和美国的坚定支持,就连安南也曾表示,希望自己的继任者是一位女性。①

这一点也得到了国内民众的认同。拉脱维亚人民普遍认为,瓦伊拉·维基耶-弗赖贝加的强项在外交。她就像是这个国家的公关大使。自幼流亡的经历让弗赖贝加除了母语拉脱维亚语之外,还精通英语、法语和德语,掌握西班牙语和葡萄牙语。因此,语言不仅不是弗赖贝加进行外交活动的障碍,反而成为拉脱维亚走上世界舞台、重新定位国际关系、改变自身国际位置的一大利器。正是由于弗赖贝加能够与美、英、法、德等欧美重要国家领导人无障碍沟通交流,她才能在与这些领导人友好交流的基础上,成功地传递拉脱维亚的善意,让非英语区、非欧美文化区的拉脱维亚从东欧的阵痛、苏联的阴影中迅速走向北约、欧盟以及联合国的怀抱。

有很多人都觉得,作为一名拉脱维亚女性,瓦伊拉·维基耶-弗赖贝加已经足够优秀、足够成功了。的确如此,在经济上,弗赖贝加一扫苏联时期的计划经济,直接转向市场经济,其在政策推行中的果敢强势时常被人拿来与英国铁娘子撒切尔夫人相比;在外交上,她一直力主拉脱维亚回归欧洲,认为"欧洲才是真正的家",她游说西方国家领导人,强调加入北约和欧盟的意愿,这又被

---

① 郑佳节.潘基文:联合国掌门人[M].北京:中央编译出版社,2007:45.

媒体拿来将她与同为移民出身的美国前国务卿奥尔布赖特相比。然而,经济和外交对一个国家来说固然重要,对生活在拉脱维亚的普通人民来说,更重要的是,弗赖贝加带领拉脱维亚走上了一条全新的自由之路。这个自由不仅是国家主权独立的自由,更是拉脱维亚每一个公民,特别是女性公民的自由。

曾有记者向弗赖贝加提问:"对拉脱维亚来说,自由意味什么?"

弗赖贝加这样回答道:"对拉脱维亚而言,自由意味着主权,并重新获得我们共和国在 1918 年建立的主权。自由意味着拥有自己的国家和领土,没有外国军队驻扎在你未邀请的土地上。因此,自由也意味着有能力做出自己的决定,引导自己的命运,并接受自己决定的后果。例如,自由意味着社会中妇女的平等,不是让别人来宣称女性只有一个角色,她们在生活中没有其他角色可以扮演,而是让女性自己有选择的机会。这既是选择自己命运的机会,又是对自己命运负责的机会。"[1]

为什么弗赖贝加如此关注拉脱维亚女性的自由和权利?

在弗赖贝加看来,拉脱维亚女性的悲惨境遇是一道横亘在拉脱维亚历史上的深深伤疤。

就像弗赖贝加在 21 世纪初妇女与民主会议上的讲话中所提到的:"50 多年来,波罗的海国家作为独立国家从地图上被抹去,波罗的海三国人民无法自由发声,世界也听不到我们愤怒的嘶吼,看不到我们的苦苦挣扎。我们被铁幕那似乎无法穿透的铜墙铁壁隔绝了。我们的人民被迫和着音乐齐唱别人为他们写的歌词。在苏联占领时期,即使男女平等被宣布为一项基本权利,也并没有真正付诸实践。波罗的海的妇女所获得的特权是在古拉格劳改营做苦工,或从事那些最艰苦但报酬最低的职业。独立的恢复使我们在国际舞台上重新发出了自己的声音。这也让我们受到女性进步思想的影响——这些思想在西

---

[1] Europe's best-kept secret[J].Leaders,2004,28(4):147-148.

方几十年来一直在传播和发展。"

同样,这些思想也应该在拉脱维亚,在波罗的海沿岸,在全世界其他国家得到传播和发展。事实上,尽管实现了国家独立与政治民主化,拉脱维亚、爱沙尼亚和立陶宛等国的妇女重新获得了发言的权利,但她们的社会地位并没有像许多人所希望的那样得到迅速改善。作为后东欧国家,从全面管控的中央计划经济向市场经济和自由贸易的过渡可谓惨烈,拉脱维亚付出了巨大的代价,社会的各个阶层都不可避免地受到冲击。尽管妇女、儿童和老年人看上去只是待在家里,不流血更不会牺牲,但他们才是受这场灾难性社会变革影响最严重的人群。

弗赖贝加看到了,甚至切身感受到了这个代价:"经济改革的代价对各国的妇女来说都是沉重的。整个20世纪90年代,拉脱维亚的出生率一直在下降。尽管避孕药物和计生工具已经全面推广普及,国内堕胎的数目仍然远大于出生的数目,这是一种非常令人痛心的非常态低生育率状况。"在1994年的拉脱维亚,每1,000个新生儿的诞生就伴随着1,105个未成型甚至成型的生命被人为堕胎。

什么样的母亲会选择堕胎?绝望的母亲。那时的拉脱维亚妇女无法实现经济独立,因而毫无安全感,对她自己和子女的未来都缺乏希望。弗赖贝加指出:"母亲这一角色对妇女提出了额外的要求。她们有时需要在事业和家庭之间做出痛苦的选择。一旦天平失衡,为了照顾家庭,女性必须减少对事业的投入。家庭责任可能会掠夺妇女在其职业领域达到最高水平所需要的精力,甚至直接剥夺她登上职业巅峰的资格。就算在看不见的私人家庭生活领域,家务的不公平分配也是不容忽视的事实。"弗赖贝加认为,一个国家的经济只有在妇女能够以有意义的方式做出贡献的情况下才能繁荣和保持竞争力。妇女能够兼顾家庭和事业,国家必须使她们更容易完成这项任务。如果无法动员千千万万的拉脱维亚女性,这个国家将难以重新焕发活力。

因此,作为世界上为数不多的女元首之一,弗赖贝加对本国女性地位和参政议政的状况十分关注,她公开表示自己是"妇女权益的坚决支持者",拉脱维亚也在她的努力下成为世界上女性高官比例较高的国家之一。弗赖贝加对此深感自豪:"在拉脱维亚,不但总统是女性,议长也是女性,我们的外交部部长也是女性。"在2004年对华访问期间,弗赖贝加自豪地对中国记者说:"这次随同我访问中国的还有拉脱维亚司法部部长和文化部部长,她们两位也同样是女性。在拉脱维亚重要部门担任负责人的女性也很多。"事实也确实如此,自弗赖贝加上任以来,妇女进入拉脱维亚议会以及担任部长级职位的比例一直在增加,从1995年到1999年的短短4年时间里,拉脱维亚议会中的女性成员比例从6%上升到了30%。

在弗赖贝加的不懈努力下,拉脱维亚妇女的政治权利得到了长足发展,甚至在许多社会活动领域中实现了数据上的完全平等。拉脱维亚的医学、法律、牙科等许多原先专属于男性的领域逐渐有了女性的身影,妇女开始在家庭以外的地方大显身手,不断有亮眼的表现。她们甚至还向这些领域的领导职位发起冲击,并已达到最高权力阶层,例如银行业——拉脱维亚已经有女性银行行长了。弗赖贝加认为,对于拉脱维亚来说,这是一个非常积极健康的趋势,这个趋势在可以看得见的将来必将延续而且还会不断加速。这一切对于1991年前的拉脱维亚来说,简直难以想象。

弗赖贝加并未被暂时的胜利冲昏头脑,她紧接着补充说:"我们距离真正的男女各占半边天的平等程度还有一段距离。"想要让妇女在拉脱维亚的教育、经济和政治决策过程中成为真正平等的参与者,还有很长一段路要走。

以教育为例,弗赖贝加在2000年一次参会时指出:"大约62%的拉脱维亚本科大学生是女性,但在正式的学者和科研人员中,女性的比例却很低。300

名教授中只有40名是女性,至于女院士就更少了。拉脱维亚大街上走着的那些聪明的年轻女人怎么了?"弗赖贝加愤慨地反问道。的确如此,尽管从表面上看,拉脱维亚女性似乎已经和男性一样,获得了进入各个领域的机会和权利,但实际上,绝大部分女性仍然只能被困在行业的底层。以政治领域为例,女性雇员在拉脱维亚一些政府部门的雇员数量中占大多数,但其中只有少数女性是真正的高级决策者。也就是说,在政治领域,尽管参政的人数和比例有所上升,但妇女仍旧集中在最低级的岗位中,而最高级的精英阶层中仍鲜有女性身影。拉脱维亚的议会中有18名女性和83名男性,在市政和地方政府中官员的男女比例平均约为2∶1。这些数字与许多其他民主国家的数字相当,甚至还要更好。但从实际效果来看,拉脱维亚女性参政取得的成就确实落后于瑞典等国女性参政取得的巨大成就。

很多人觉得,弗赖贝加能够成功当上总统,东欧和中欧历史上第一次出现女总统,这一事实本身就表明,波罗的海沿岸的民主国家自脱离苏联、恢复独立以来,自由和民主程度已经达到了很高的标准。但弗赖贝加认为,一位女性的成功是不够的,即使她一个人走到了这个国家至高无上的荣耀之位,而其他千千万万普通的女性仍旧遭受严重的歧视和不公,那又谈何自由呢?

因此,弗赖贝加一直在努力向拉脱维亚女性传递力量,告诉她们,每一个生活在拉脱维亚的普通女性都可以有自己的梦想,选择自己的人生。一次,有记者采访她:"你如何向女性传达她们可以实现人生伟大目标的信息呢?"[①]弗赖贝加回答说:"有一位女总统这一事实本身已经是拉脱维亚社会机会平等的体现。我很高兴在我被议会选举后,拉脱维亚的民众纷纷涌上街头相互庆祝,他们兴奋、期待,甚至有人告诉我他们很感激。"她摸了一下她那标志性的红棕卷发说道:"对于来自全国各地的年轻女孩来说,生活中出现了一个榜样来提

---

① Latvia's success story:Europe's best-kept secret[J].Leaders,2004,28(4):147-148.

醒她们——她们也可以取得任何成就。如果一个女人在这个国家能成为总统,这意味着她也能做任何其他的事情。我很感动,在一次活动中我遇到一个小女孩,我问她,'你长大后想做什么?'那个孩子回答我说,'我想成为总统!'"

当一个小女孩说出"我想成为总统"时,她的人生就往前迈了一大步了。弗赖贝加深知榜样的力量,因此,她曾组织过一次特别的会议。就在新千年妇女会议召开的一个星期前,弗赖贝加邀请了30多位拉脱维亚妇女参加聚会。到场的全是拉脱维亚各个领域的"女性榜样",她们聚在一起讨论妇女在拉脱维亚社会中的作用。弗赖贝加说:"这次会议上提出的各种各样的想法,以及对某些基本原则和基本概念的明确一致的意见,使我深受鼓舞。我们认为,只有每一个公民(不论性别、年龄、种族、宗教或任何其他显著特征),都享有与其他人相同的权利、自由和机会,社会才能被视为真正的民主。我们不应该人为地设置障碍,阻止妇女或任何其他人实现他们所渴望的目标,包括国家的最高职位。"

2004年,女性商业领袖峰会在拉脱维亚首都里加举行,在会议上,弗赖贝加回顾了十年来拉脱维亚妇女的成长。

在加入北约和欧盟后,拉脱维亚焕发出巨大的经济活力。自2004年5月以来,它与邻国一道,已成为欧盟扩大后的4.5亿消费者市场的一部分,位于世界上经济增长最快的国家行列。在这样的背景下,波罗的海沿岸越来越多的妇女通过开办中小型企业积极地改善自己的生活,并为自己所在的社区提供了大量工作机会和服务,其中一些企业甚至已经将业务扩展至欧盟。这些例子都证明了拉脱维亚的妇女有着巨大的潜力,"她们的才能之前一直被掩盖,她们的创造力和主动精神只是在等待一个爆发的机会,就像经过漫长而艰苦的冬天之后怒放的春花"。弗赖贝加还在会议上对来自世界各地的女性商业领袖发出倡议:"我们当中有来自美国、芬兰、拉脱维亚、俄罗斯、乌克兰和白俄罗斯等国的女性商业领袖。正如每个国家都有自己独特的文化、习俗和特点一样，这里的每个女人都有自己独特的个性，拥有自己的风格，这是由直觉、技能和动力等混合构成的，这些因素塑造了女性经营企业和自己的方式。你们组成了一个非常多样化的群体。然而，在你们的多样性中，也存在着一种共性——你们都是女性领导者，你们都在用女性的声音发声，用女性的身份和方式领导着你们的企业甚至国家。"

弗赖贝加做到了，她希望全世界的女性都能做到。她不仅仅是个人成就卓越的女总统，更是全世界女性的联络人，她身上的自立自强和团结互助就是女性力量最生动的写照。她就像一个生生不息的力量源泉，向全世界女性传递着信心："我庆祝所有有才华、坚强和成功的女性所取得的成就，她们打破了各种各样的玻璃天花板；我同情所有每天遭受不公正、偏见、暴力和侵犯的女性。我鼓励她们记住，她们有一种与生俱来的价值，作为独一无二的人，她们的价值是世界上任何力量都无法夺走的。妇女享有与男子同样的权利去爱、同情、尊重他人和获得尊重；她们有同样的权利去追求自己的梦想和发展才能。亲爱的世界各地的女性，保持坚强和美丽，勇敢地走自己选择的道路！"[1]

第四节　永不停歇：拉脱维亚会永远记得弗赖贝加

2007年，瓦伊拉·维基耶-弗赖贝加结束了她连任两届的8年总统任期。相比其他的总统卸任，她的告别有些不同寻常。

---

[1] VIKE-FREIBERGA V. Dear girls & women: follow fearlessly the path that each of you have chosen as your own! [EB/OL]. (2018-03-17)[2022-10-22]. http://www.clubmadrid.org/vaira-vike-freiberga-statement-on-womens-day/.

相比于上台时拉脱维亚议会对她的大力支持,弗赖贝加在总统生涯的末期似乎与议会发生了一些小小摩擦。离任前的最后 6 个月里,弗赖贝加先后两次否决了议会提出的一项关于内部安全的立法,这让议会很是恼火。因此,在弗赖贝加的告别演说之后,众议院议长只是云淡风轻地说:"现在我们正在进入议程第二项。"自始至终,他都没有向弗赖贝加说过一句感谢的话,也没有向她献上鲜花。要知道,献花是拉脱维亚人的传统,往届拉脱维亚总统离职时,都会有鲜花献上。

弗赖贝加的告别演说和当天拉脱维亚议会会议的全过程在电视上播出,拉脱维亚民众纷纷为弗赖贝加感到不平,他们愤怒又震惊。拉脱维亚普通群众组成了志愿者队伍,自发聚集在一起,他们认为这些落井下石的政客既没有风度又没有礼貌。因此,他们决定用自己的方式向弗赖贝加表达感谢和敬佩,他们邀请每一个对弗赖贝加心怀感激的拉脱维亚人将自己的谢意和敬意放进鲜花里,送到拉脱维亚的一个山坡上。这个山坡在拉脱维亚的传统里有着不一般的象征意义。

那天,拉脱维亚各地的邮局分支机构被全国各地涌来的鲜花塞满了,一辆辆卡车装着鲜花浩浩荡荡地开往山坡。志愿者整晚都在工作,他们将来自全国各地的各色花朵拼成了一个巨大的太阳。太阳是拉脱维亚民间传说中的标志物,也是数十年前弗赖贝加在收集拉脱维亚民族歌谣、向流亡在外的拉脱维亚同胞宣讲时一次次重复、强调的符号,它是弗赖贝加与她的祖国拉脱维亚最深刻的情感联结。

鲜花的数量实在是太多了,志愿者将成千上万的花朵组成 50 米甚至 60 米长的光线,从"太阳"中央向四周发射。整整一天,成千上万的拉脱维亚民众涌上山坡,源源不断地为弗赖贝加献花。拉脱维亚的歌手、演员、舞者等各类艺术家们聚集在露天舞台上表演,歌声不断,舞蹈不停,小小的山坡变成花儿与笑脸的海洋。拉脱维亚人以此感谢弗赖贝加的工作与贡献。

在最后时刻,拉脱维亚的政客们忽视了弗赖贝加这 8 年来的辛勤奉献,但拉脱维亚人民永远感激弗赖贝加,他们以一种独特而难忘的方式为她送别。

挪威国际事务研究所女性研究中心的高级研究员托里尔德·斯卡尔德(Torild Skard)曾在她的新书《权力女性:半个世纪以来的全球女性总统和总理》(*Women of Power:Half a Century of Female Presidents and Prime Ministers Worldwide*)里对"二战"以来世界各个国家的女性领导人做了全面概述。从 1960 年起,共有 32 位女性成为本国总统,还有 41 位女性成为总理。在这些站上本国最高权力地位的女性中,瓦伊拉·维基耶-弗赖贝加从当选到卸任所保持的超高民众支持率是相当少见的。①

更重要的是,相比于英国的玛格丽特·撒切尔、尼加拉瓜的比奥莱塔·查莫罗、土耳其的坦苏·奇莱尔、印度尼西亚的梅加瓦蒂等女领导人,弗赖贝加在政治上更加鲜明地挑战了男性统治的传统和惯例。前者所塑造的形象和一贯的行为方式在很大程度上更偏向传统意义上的"男性方式",虽然她们也是为自己的利益而战,但在政策制定上很少参与"女性问题"中,更强调自己的"领导人"身份而非性别身份。但弗赖贝加从一开始就表现出明显的女性姿态,在政策制定上明确提倡女性友好或女权主义政策。弗赖贝加这种"以女人的方式"来行事的领导人,对男性统治的挑战是更为彻底和颠覆的。

这样纯粹的女性气质,恰恰是当时的拉脱维亚所需要的。

彼时的拉脱维亚刚刚从苏联的桎梏下脱身。如果用性别政治的视角来分析,苏联的政治体制(特别是斯大林模式)就是典型的男性政治——"老大哥"无处不在,强权层层累积,从公共领域渗透到私人生活的方方面面。更何况,

---

① SKARD T.Women of power:half a century of female presidents and prime ministers worldwide[M].Bristol:Policy Press,2014.

苏联对于加盟国的控制甚至比对莫斯科更残酷,拉脱维亚只是作为这个庞大联盟北部的一个小小经济原件而存在,其原本的文化、习俗、社会风尚和私人生活都被强硬地并入苏联的集体化、工业化赞歌及冷战对抗的大背景之中。换言之,拉脱维亚政治生活中的男性气质过剩了,这个国家亟须一种更温和、更人道主义的政治气质来保持政治领域的平衡,来保证民主的健全和国家的发展。

因此,完全按照既定的政客标准去评判弗赖贝加,你只能得到一个"四不像"的结果。弗赖贝加很明白,不破不立。她脚踩在拉脱维亚沉重的历史之上,顶着东西方别有深意的打量眼光,保持着一个民族的、女性的、坚韧的姿态,展望拉脱维亚的未来。

这一点和她是不是总统没什么关系。

卸任总统的弗赖贝加多了很多坐在厨房里擦亮银器、为全家人计划万圣节装饰的时间,她的孩子们在圣诞节吃到了妈妈亲手烤制的雪人蛋糕,并在生日时吃到了妈妈做的瓢虫蛋糕。

然而,弗赖贝加并不打算完全回归家庭:"在工作和家庭之间保持平衡真的很困难。有时候我是一个非常疲惫的女人,这一点我可以坦白告诉你。"她为拉脱维亚做了太多太多,但在她心里还有太多太多没来得及做的事情。作为总统的弗赖贝加已经带领拉脱维亚从曾经的苏联的附庸变为欧盟最有活力的新成员,离任后,她仍然在积极开拓拉脱维亚的未来。

弗赖贝加试图把握信息时代的脉搏。她在一场演讲中谈道:"铁幕倒塌后,信息真空被消除,严格的审查制度被废除。今天,拉脱维亚年青一代正在全球信息和通信技术的环境中成长。在苏联时代,良好的外语水平几乎没有什么实际用处,甚至会使一个人受到怀疑。今天,拉脱维亚人民正在迅速掌握英语和其他外语。提供书面、视听媒体及互联网的专业联系和学习交流项目已成为他们日常活动的重要组成部分。"①因此,她鼓励拉脱维亚人不断向世界开放,积极填补他们对世界知识的空白。

对拉脱维亚人而言,出国旅游这件事在从苏联独立之前是无法想象的,那时还只是少数人的特权,而现在的拉脱维亚人可以自由旅行,甚至不需要什么手续,因为弗赖贝加努力促成了拉脱维亚加入欧盟,几乎所有的欧洲国家都对拉脱维亚开放了免签证制度。弗赖贝加对苏联政权造成的消息封锁和外交隔绝记忆犹新,她认为对于世界上其他国家而言,拉脱维亚长时间处于认知的空白区,世界不了解拉脱维亚,拉脱维亚也看不到世界。因此,她一直在找机会弥补这一差距,这不仅是抚平拉脱维亚的历史伤痛,更是开创冷战之后拉脱维亚的新未来。

即使远离政坛,弗赖贝加也始终对拉脱维亚饱含期望与祝福:"对拉脱维亚来说,我们希望看到它清除冷战遗产的每一个痕迹,并加速弥补其失去的所有时间。我们希望看到它成为欧洲大家庭中平等和积极的一员,成为共同决策中受人尊敬的伙伴,并为共同文化遗产做出宝贵贡献。冷战已经过去了,让我们庆祝和平;一个分裂的欧洲已经成为过去,让我们迎接一个团结一致的欧洲。我们生活在波罗的海东部海岸,我们想从寒冷中走出来,在欧洲文明的火炉旁取暖。"②

就像母亲看着羽翼渐丰的孩子,弗赖贝加永远对拉脱维亚投以温柔的注视。当大多数国家选择集中动员一切力量,依靠工厂和铁路来进行战后重建时,弗赖贝加仍不忘带着人民哼唱着拉脱维亚古老的歌谣来抚平战争遗留的

---

① 弗赖贝加任主席的媒体自由和多元化的高层小组所提供的报告。A free and pluralistic media to sustain European democracy[R].European Commission,2012.
② 弗赖贝加关于纪念冷战结束的讲话。Commemorating the end of the cold war[EB/OL]. (2007-09-18)[2022-10-22]. http://www.jyu.fi/ajankohtaista/arkisto/1999/11/tiedote-2007-09-18-14-39-13-082829/.

创伤;当大多数政客抓紧一切筹码进行经济和政治博弈时,弗赖贝加却把文化作为拉脱维亚外交最亮眼的名片。在政坛上,我们看过多少雄心壮志最终被消磨殆尽,远大志向在钩心斗角中泯灭。弗赖贝加始终站在历史之上展望未来,她的目光高远而广阔,始终带着对祖国浓厚的情感和依恋。在弗赖贝加身上,有一种流淌的母性。

在弗赖贝加眼里,拉脱维亚是祖国,也是孩子。

因此,弗赖贝加的施政,是有温度的施政。她会关心那些拉脱维亚普通民众的日常生活问题,设法让每一个拉脱维亚人都参与到这个国家的政治和民主进程当中来。退休后,她曾在接受美国记者的采访时谈及一个有趣的问题,很多人(特别是那些经历过战争时代的政客)总是对千禧一代抱有偏见,认为他们过于个人中心主义,对政治麻木无感且不关注公共生活,更别说环保这类议题。但弗赖贝加为拉脱维亚的青年人正名说:"我必须说,在拉脱维亚,我们每年都会采取各种各样的行动来清理城市、乡村甚至是未开发土地中的绿色空间。这是一次精彩的团结秀,拉脱维亚各个年龄段的公民都参与其中:首先是幼儿,然后是少年、大学生……任何人,包括那些没有退休金的老人,他们的膝盖或后背都已经发僵,但仍然慢慢弯腰捡东西……从这个意义上讲,我真的很喜欢这种世代相传的活动。换句话说,在努力打破技术与科学之间的孤岛的同时,我们更应该打破年龄和阶级之间的孤岛。"

弗赖贝加永远对自己的祖国饱含深情。离任后,有记者问她:"您会怎样向世界介绍拉脱维亚?"弗赖贝加自豪地说起拉脱维亚这些年令人瞩目的政治和经济成就,但更重要的是,她说:"拉脱维亚是一个非常美丽的国家。我在不同的国家和地区生活过,但从来没有哪个国家像它一样令我着迷。拉脱维亚有一种特殊的北欧魅力——广阔苍茫的森林触手可及,数不清的湖泊和河流从林地里蜿蜒而过;海滨也是美丽的,你必须承认,尽管这不是那种可以让人在一年中游玩好几个月的海滩,但你无法抗拒在这儿享受太阳。漫步在沿岸的波罗的海松树林里,阳光透过叶子温柔地洒在身上,海风咸湿而清凉。"弗赖贝加顿了顿,歪了歪头说:"我认为拉脱维亚是欧洲保守得最好的秘密。"[1]

就像弗赖贝加永远记得拉脱维亚的独特魅力——那些森林、湖泊、河流、海滨,拉脱维亚人民也会永远记得瓦伊拉·维基耶-弗赖贝加。

---

[1] Europe's best-kept secret[J].Leaders,2014,28(4):147-148.

第五章　女性、理性与公共职责
——德国母亲默克尔

提到当代女性政治家,默克尔绝对名列全球前列。作为德国历史上第一位女总理,默克尔以其刚柔并济的政治风格和对历史问题正确的认识和引导,被德国人民亲切地冠以"德国母亲"的称号。从东德牧师之女到一名东柏林科学院的物理学家,从基民盟一名普通的党员再到领导人,默克尔的人生总是在不断确定自己的新目标。尽管曾经被称作"科尔的小女孩",但她凭借自己极高的政治天赋、坚强的意志、灵活的政治技巧和不卑不亢的外交风格,在当政期间成功获得了民众的认可,默克尔在危机面前展现出来的胆魄和睿智果敢的决策也素来为世界政坛称道。

从政数年后,她不再是当初的"小女孩",摇身一变成了德国甚至整个欧洲最具影响力的政治家。正如基民盟姐妹党基社盟前主席施陶伊伯曾在《世界报》上刊登的文章所说:"德国因为有了默克尔才受到国际上的高度尊敬,她领导的德国使欧元得以稳定,欧元区得以重建,同时对经济较弱的国家不放弃支援,维护了德国的利益。"默克尔在欧债危机、乌克兰危机和难民危机三大危机上发挥的绝对领导力,提出的沉着冷静的应对政策,都让她在德国以及欧盟取得了更高的认可度和更大的影响力。当然,德国自身的强大并不是她的终极目标,带领整个欧洲进步发展才是她的愿望。她不仅是"德国母亲",更是"欧洲母亲"。

第一节 逆风成长:出身东德的牧师之女

在国际舞台上,除少数特例外,男性仍牢牢掌握领导资源。虽然我们能够看到近几年这种趋势有所好转,但是人们普遍对女性执政者持观望态度。女性领导人自身的特质会被放大,她们的失误往往也会被上升到性别层面,被扣上"女人果然不适合统领大局"的帽子。

然而,正如美国俄克拉何马州前高等法院法官吉恩·克伊恩所说的那样,"一个富有智慧、上了年纪的男人和一个富有智慧、上了年纪的女人会作出同样的决定"①。性别并不能成为领导力优势的判断依据,事实上,确实有一位领导人,她的执政风格既不偏向所谓的"柔性领导力",又从未刻意贴近大众认可的"男性所具备"的领导风格。如果非说她有什么风格,那么一定是——默克尔的风格。

"乱世出英雄",一句老生常谈的俗语,也是政治学、社会学命题。动荡的时势往往更能够造就英雄,这句话的普遍性早已在古今中外的历史研究中得到印证。我们今天站在历史的维度上去看待默克尔的出生,会发现她恰恰降生于"二战"后德国最困难的时期。

"二战"结束后,战胜国英、美、法、苏组建了对德管制委员会,作为对第二次世界大战始作俑者德国的惩罚。拆分德国的计划在那个时间节点上,无论是从各国心理上还是从国际局势上来说,都是符合世界人民对和平的需求的。

---

① 凯勒曼,罗德.女性领导力:现实与挑战[M].张素玲,等译.上海:东方出版中心,2007:2.

与此同时，德国作为战败国，不仅在道义上毫无发言权，在经济上更是因为战争的高度消耗变成了一片"废墟"。

德国被分为东西南北四个占领区，东德由苏联管理，剩下的三个占领区分别由英法美三国管理。"冷战"爆发后，英法美三国成为联盟国，为了在德国相关问题上对苏联进行排挤，三国提议将各自的占领区合并。苏联为了反击，宣布退出对德管制委员会，封闭东西柏林的通道，与其他三国展开了激烈的斗争。持续的争斗使双方精疲力竭，于是，为了防止争端进一步恶化，四国最终决定改变多国共同管理的模式，转为直接在德国领土上设立两个国家，以达到阻止德国再次发动世界战争的目的。这两个国家，分别叫作德意志联邦共和国和德意志民主共和国，简称西德和东德。

1954年，美苏冷战局势持续升级，不容乐观。两个德国分别作为不同的主权国家加入了两方阵营，德国的分裂与两德间的矛盾对立昭然若揭。在这样一个时间节点上，默克尔（原名安格拉·多罗特娅·卡斯纳）出生在联邦德国汉堡城的一个牧师家庭里。

在默克尔的童年记忆中，父亲始终是一个具备开拓精神的形象。

在联邦德国领土、人口以及经济大大领先于民主德国的前提下，父亲卡斯纳做出了一个与当时的社会选择截然相反的决定：迁往民主德国。尽管时至今日，卡斯纳究竟为何做出这样的决定已经无从考证，但这个想法的实践无疑给默克尔带来了巨大的影响。默克尔的童年在滕普林小镇度过，彼时的民主德国将宗教视为精神毒品，一切神职人员在这里都是不受欢迎的，他们的子女自然也得不到公平的对待。

纵观默克尔的人生，"来自东德""牧师的女儿"等关键词牢牢地烙印在她的身上，影响了她的职业选择，甚至在竞选的时候都成为政敌的话柄。即便她已成功登上权力之巅，这些标签仍旧伴随她的整个政治生涯。

2006年，在这个女人已经距离登顶仅仅一步之遥的时候，她承认了父亲的决定给自己带来了巨大影响，但同时她也乐观地表示："我将我自己的生活和西德的表兄妹的生活进行比较后，我觉得我的童年也是很有价值的。"①

与大多数人选择不同的是，默克尔似乎并没有急于"撕掉标签，打破偏见"，她对这些标签持一种近乎冷漠的态度。换言之，她并不觉得这些头衔值得愤怒，她更倾向于"利用"这些说法。在接受德国《时代周报》的访谈时，她说："从政越久，我越会强调自己的女性身份。"近年来，她也越发强调自己东德人的身份。默克尔是幸运的，东德人、牧师家庭、女人，这些在她童年时期曾经带来压力的词汇，在未来尽数成为她平步青云的助力元素。

我们在谈论领导人性格的时候，无一例外会把目光投向他的家庭与少年时期。因为家庭是塑造个人价值观的第一环境，家庭氛围直接影响了家庭成员的价值塑造，默克尔身上就带有很多幼时成长经历带来的巨大影响。在她童年时期生活的小城，有一座残疾人疗养院。默克尔从小就和残疾人尤其是残疾儿童有着比一般孩子更多的接触。教会和教育机构会给这些残疾人一些农业、园业的工作，许多残疾儿童经常到她们家来帮忙和学习，与这些残疾儿童共同学习成长的经历让她深刻领悟到"耐心""尊重"和"理解"的含义。

与来探望残疾人并对他们表现出害怕与惊奇的同龄同伴不同，默克尔对这种生活习以为常，并且认为残疾儿童通过不断地学习能力会逐渐超过那些成年的残疾人。同伴的排斥也引发她少年时期对社会体制的思考，如何保障弱势群体的合法权益、如何健全社会福利待遇等，这些似乎不应该由孩子来考虑的问题，都是默克尔经常和父亲在饭桌上探讨的话题。

默克尔的父亲卡斯纳博学多才、沉稳智慧并且有着强烈的个人主张：他认

---

① 默克尔，米勒-福格.默克尔总理：迈向权力之巅[M].李卡宁，许文敏，译.北京：国际文化出版公司，2006：30.

为教会应当从虚无的精神中解脱出来，注重现实。在这一理念的支撑下，他极力促成了教会和统一民主党的合作，合作的达成也改善了他们一家初来东德时捉襟见肘的困境。

如果要从默克尔的童年中看出她日后被称为政治家的一点点缩影，那首先要归功于父亲卡斯纳的影响。卡斯纳热爱藏书，这些书多来自西德，幼年的默克尔在闲暇时间里最热衷的就是躲在父亲的"藏书室"读书。从七八岁开始，她就经常将自己的所思所想拿来在饭桌上与父亲交流，有时二人会探讨一些政治话题，卡斯纳愿意平等地和孩子分享观点，交流看法。这段和父亲关于政策及现状的理论探讨，培养了她"时刻反思"的优良品质。

默克尔的母亲赫尔琳德正直爽朗、温柔耐心，曾经从事过教师职业的她对教育孩子有着一套自己的逻辑。来到东德后，牧师妻子的身份也迫使她放弃了教师的工作，将自己的生活重心全部放在家庭上。对她来说，失去职业也许并不是一个好消息，但她因此能够将注意力全部放在对孩子们的教育上，这对默克尔的成长是大有助益的。赫尔琳德非常清楚应当如何去引导、教育自己的孩子。

默克尔的母亲有一个习惯，每天晚上回家，她都会鼓励孩子们将自己在学校里面遇到的一切事情分享给她听，然后认真地解答他们的疑惑，及时纠正他们有可能发生的错误。母亲的倾听式教育培养了默克尔积极的心态，并且使她能够比同龄人更早学会说较长的句子，灵活运用不同的生词，这对她的思维逻辑和表达能力也有极强的锻炼作用。

除了父母各自不同的教育风格之外，默克尔的家中还有严明的奖惩制度：父母根据做错事的等级制定不同的惩罚制度，例如扣零花钱、打扫卫生等。默克尔作为大姐，经常会承担起监督弟弟妹妹的任务；同时她也具备长姐的慈爱，对于弟弟妹妹无伤大雅的小错误，她会选择睁一只眼闭一只眼。利用这些小恩惠,她让弟弟妹妹对她言听计从、敬爱有加,这充分体现了她幼年便具备了"领导能力",从小就培养了高度的自制力。

在弟弟妹妹和父母眼中,这个最大的姐姐非常乖巧,有头脑,并且与人为善,很少和别人发生矛盾。默克尔对这种评价也很认同,她觉得自己确实算得上一个"乖孩子"。默克尔很少发脾气,更倾向于维持一种较为和睦的社交关系,在不触及自己原则的情况下,待人接物都比较随和。她认为自己是一个很能"忍"的人,有很强的情绪控制能力,有时甚至会"忍过头"——一直憋着没有发脾气,等到所有人都认为这个事情已经过去的时候,她才会将情绪爆发出来。

幼年默克尔身上展现出来的宝贵特质在于她不光能够在制度下生存,还会质疑制度的合理性。虽然脾气很好,但她也有自己的原则,在遇到自己困惑或觉得不公的时候,她也敢于发出质疑:"我是很愿意帮母亲做家务的,但每当我发觉,母亲总是叫我做一些她自己不愿意做的事情时,我就会和她争论,问她我做这件事的意义是什么。"①

微笑的背后伴随着辛酸,云淡风轻的背后是成为"优秀者"的伤痕累累。从东德的牧师之女一步步成为叱咤政坛的领导人,她凭借的不仅仅是积极向上的家庭带给她的正向思维,更多的是一股"不能输"的冲劲。

父亲做出了在关键时刻来到民主德国的选择,他对东德社会对于牧师家庭的排斥有着清晰的认知,因此,他要求默克尔"要永远比同龄人优秀"。母亲也劝诫默克尔,要努力去做到优秀,否则"他们将永远不会给你机会上大学"。也许是父母的严格要求让她比别人付出更多努力,也许是默克尔自身的逻辑思维能力和学习能力都非常强,她确实做到了"比同龄人都优秀"。

---

① 默克尔,米勒-福格.默克尔总理:迈向权力之巅[M].李卡宁,许文敏,译.北京:国际文化出版公司,2006:30.

研究者朱忠武把领导力定义为"影响人们心甘情愿、满怀热情地为实现群体目标而努力的艺术或过程"①。默克尔显然抓住了领导力的一把关键钥匙——说服他人的能力。她有着极强的语言天赋,中学期间,俄文是她最优秀的科目。除了良好的记忆力能够帮助她更快地掌握词汇外,她还尤为擅长遣词造句,这方面的能力,从她自小就可以让弟弟妹妹对自己言听计从就不难看出。除了语言方面的科目外,数学这类训练逻辑思维的学科她也学得非常得心应手。

要说什么是默尔尔始终不擅长做的,那大概只有手工和体育了。默克尔曾在多个场合提过自己的动手能力并不强,对于少年时期的她来说,要想做得比别的同学好,她不得不一遍一遍地修改。运动也一直是她的短板,提到学校时期的体育课程,默克尔称自己曾为了 100 米跑步能够跑到达标,私下练习了很久很久。

如同德国时政新闻记者海尔福·伯尔曼所说的那样:"当德国总理提到自己生平的时候,他们都会强调自己的平凡出身。德国选民对此也很买账。不仅如此,他们甚至要求德国政要出身寒门。"②默克尔的出身显然符合这条不成文的"规定",一位身在东德的牧师之女,在学校里需要面对的压力是不小的。时至今日,默克尔还是能够回忆起每次学校里来新老师,要求学生们轮流介绍自己的名字和父亲的职业时,年幼的自己那种困窘的感觉。幸运的是,默克尔继承了卡斯纳的冷静和果断,她人缘很好,不同于其他多数东德牧师的孩子,她没有被孤立、没有远离集体。她加入了辩论队,在学校里有许多好朋友,以非常平稳健康的状态度过了自己的学生时光。

---

① 朱忠武.领导力的核心要素[J].中外企业家,2005(4):32-33.
② 伯尔曼.直面寒冰:默克尔的德国十年[M].周思婷,于威娜,译.成都:四川人民出版社,2015:13.

卡斯纳对默克尔的要求是"永远比同龄人优秀",保持这一点并不容易,但更不容易的是在保持这一点时,还能拥有同学间的好人缘和老师的青睐。默克尔轻易地攻克了这一难题,她不仅做到了"永远比同龄人优秀一点点",还做到了"比其他人低调一点点"。她保持着一贯的优秀和突出,却仍旧能够将自己很好地隐藏在人群里。中学的生活教会了她如何做一个"不起眼的强者",这在她之后的政治生活中也起到了相当大的作用。

1961年柏林墙的建立是默克尔印象最深刻的历史事件。这面分割了德国土地和民众的高墙矗立了28年3个月之久,生活在墙两边的人们,活在不同的体制、政治压力和经济水平中,这对东西德人民的价值取向与人生选择不断产生着影响。

高中毕业的默克尔在经过深思熟虑后,做出了考往莱比锡大学物理学专业的选择。这是一个出乎意料的选择,中学时代她最喜欢的科目是语言和心理学。虽然成绩不错,但物理始终让她又爱又恨——她对物理学理论非常感兴趣,尤其是爱因斯坦的相对论和多波特·奥本海默制造原子弹的理论;与此同时,物理是一门需要理论与实践紧密结合的科目,实践是她的弱项,这令她始终无法完全热爱物理。

选择物理学科是默克尔的无奈之举,一方面,牧师女儿的身份让她面临艰难的就业选择。在语言学、心理学专业就业仍旧集中于教师的当时,默克尔深知自己的身份做不了教师,毕竟同样的事情曾经发生在自己的母亲身上,当初母亲被剥夺了教师资格,如今到了自己也不会例外。在回忆时,默克尔说道:"这在东德一直是有规定的,虽然不一定执行。我根本没有试过,我觉得这样做没有意义。如果我生活在西德的话,很有可能就成为教师了。"

默克尔是现实的,除了职业的限制外,她也考虑到了学校会推荐选择物理学的学生,如果自己一意孤行选择了心理学,失去了推荐,也许将不被录取。

现实因素最终让她牢牢地锁定了物理学专业。

站在第一次掌握自己人生走向的路口，默克尔身上敢于冒险的精神一览无余。从小生活在父母严格教育下的她决定离开父母去闯荡一番。少年时期作为"牧师的女儿"所承受的偏见和非议也成为促使她走向异乡的一股推力，在比较了东德大城市的城市氛围后，默克尔最终选择了离家更远的莱比锡。这一次，她正式开始了自己的冒险。

默克尔的老朋友德林曾这样评价她："有点铁娘子的风格，又时常显现出一份平淡！"的确，相比其他传奇领导人来说，默克尔的青年时期的际遇稍显平淡。虽然生在分裂时期，但家庭和睦，父母将她和弟弟妹妹保护得很好，竭尽所能地给了她们接受教育的机会；虽然因为父亲的职业受到过一些偏见，但凭借着自己的低调和随和，她没有像别的牧师家庭小孩一样被排挤，还做过班干部，加入少先队；虽然也曾勇敢地选择了背井离乡，但她还是老老实实地认真学习，低调地做研究。

在1976年的一篇研究中，斯托格迪尔通过整理文献资料分析出了团队领导人与其他人相比所具备的特质，其中一点就是能够坚持。[①] 莱比锡时期的默克尔，近乎是在向自己挑战，一遍遍向大脑里那个想要放弃的声音说"不"。大学里的学习和研究并不简单，对于实践能力不够好的她来说，似乎就是难上加难。默克尔大学时期，冷战形势严峻，东德对于大学的意识形态把控十分严格，学校里无论什么科目都要学习马列主义，物理学院也不能避免。幸运的是物理学院里的教授更加注重本学科的教学和研究，这也为默克尔提供了一个不错的学习环境，让她能够踏踏实实地将所有时间花费在学习和研究上。

敢于率先接受挑战也是斯托格迪尔发现的又一项领导者品质。对于默克

[①] BARTOL K M, BUTTERFIELD D A.Sex effects in evaluating leaders[J]. Journal of applied phychology,1976,61(4):446.

尔来说,学习物理就是一件非常具有挑战性的事情。在大学的前两年,默克尔的学习不像中小学那样得心应手,甚至可以称得上十分艰难,她花了两年多时间才适应了物理学院的学习节奏。实践课一如既往困扰着她:焊接的电路时常出问题,设计的电路图也经常没法用。敢于挑战却没有办法接受挑战失败带来的后果,这是许多冒险者失败的关键性原因。默克尔明显不是这样,在对物理学的专注上,她表现得像一个斗牛士,无数次跌倒又爬起。做不好就多做几次,直到做好。从小对自己高要求的她也没有放松对物理理论的探索,她的优势也在于此——对于实践背后庞大的哲学体系充满兴趣。在大学期间,她在理论方面的课程甚至拿到过高分。

与默克尔上任后的评价相悖的是,莱比锡大学的老师们虽然给予默克尔较高的评价,认为她对待活动积极、对待科研严谨,并且认真仔细、优秀低调,是一个切实的"行动派",但没有任何人提到过她在口才、政治方面的才能。默克尔的大学四年时光,尽数献给了物理研究。学校内各个院系都在统一社会党的意识形态严格控制下,但默克尔没有入党,而是加入了被称为统一社会党后备团的自由德国青年团。对于入党,默克尔的态度是谨慎的。即使如此,加入自由德国青年团的经历也几次被之后的政敌拿出来说事。

正如娜奈尔·O. 基欧汉在反思女性领导力时所说:"人们常常想当然地认为,女性领导人养育、关心他人是理所当然的,但关心他人的女性领导人可能不够强硬,不适合行使权力。然而,如果女性表现得不符合刻板印象或者过于激进,她们会受到谴责,认为她们专横得不像女人,这就像是无法解决的两难困境。"[①]

人们似乎总是对女性抱有一些老套的、普遍的印象,比如:女性更为感性,逻辑性较弱、女性领导过于"软弱",在某种程度上倾向于规避矛盾,这些陈词

[①] 凯勒曼,罗德.女性领导力:现实与挑战[M].张素玲,等译.上海:东方出版中心,2012:53.

滥调成为有潜力的女性走向权力的路障。而那些已经得到社会认可的女性领导人身上被肯定的往往是她们与男性领导风格相似的部分，同时她们还会被诟病"没有女人味"。女性领导人的路之所以布满荆棘，在很大程度上是因为社会的性别刻板印象带来的玻璃天花板效应。

海尔曼将男性描写成"有上进心的、坚强的、独立的和果断的"，把女性描写成"亲切的、乐于助人的、富有同情心的和关怀他人的"，由此分化出了男性特质和女性特质。他认为其中一组不会有另一组拥有的特质。[1] 正如弗莱彻提出的"分离领域理论"（separate spheres），刻板印象背后的逻辑就是相互排斥，这无疑就是一种磨灭领导力可能性的看法。

我们认为，性别并不是领导风格的决定因素，不同性别领导人表现出的风格只与他们个人的性格特质有关，例如默克尔，无论是穿着打扮还是思考行为，都像极了研究者的身份。她习惯用理科思维去解决问题，像做数学题一样将矛盾分层后逐个攻破。她就是一个兼具柔性领导力和理性思维的女性，而她身上的理科思维则得益于她从政之前的职业——物理学家。

大学生活结束后，默克尔曾经对未来的职业规划有过不同的考量，是成为一个物理学研究者，还是成为一个拥有物理理论知识的工程师？她放弃了学校分配的化工企业工作，又对无法运用自己学到的物理理论的发电厂有些犹疑，最终她还是选择尝试能否成为一名高校的助教。

伊尔梅瑙工业大学的面试经历则成为改变默克尔人生的一个小转折。

面试中，伊尔梅瑙工业大学的面试人员首先希望她能够为国家安全部门做事，这并不符合她的就业选择，所以她回绝了。后来，默克尔还被带去和学校的一位领导进行会面，对方在默克尔阐述自己的求职意向之前，就拿出了手

---

[1] HEILMAN. Description and prescription: how gender stereotypes prevent women's ascent up the organizational ladder[J]. Journal of social issues, 57(4):657-674.

里的一份安全档案,里面记录着默克尔大学生活的每一个细节,小到一次同学聚会,大到参加过的研究项目,这位领导甚至轻蔑地说:"如果你想要拿到助教这份工作,最好少去一些教会礼拜。"刚刚读完乔治·奥威尔小说《1984》的默克尔对此感到十分愤怒,她对公民生活被事无巨细地记录,且处在政府的监控下的东德社会现状感到不满,一种无能为力的痛感涌上心头。

时隔多年,她也难以忘记从办公室出来后那种压抑的感觉:"尽管那次谈话中没有发生任何争吵,但通过这次谈话,我发现在那儿自己不能再指望什么了。"这次不愉快的谈话不仅改变了默克尔的就业方向,更使她开始痛恨这种无差别的高压监控。她因为向往自由选择莱比锡,但当她意识到即使来到了氛围相对自由的莱比锡,还是难以逃脱这类窘境,年轻的她觉得苦不堪言。

心灰意冷的她走出了伊尔梅瑙大学,放弃了这个与自己崇尚的"自由"相悖的就业机会。默克尔最终确定的方向是她很多朋友选择工作的柏林科学院,用她的话来说就是:"科学院只搞研究,不搞思想教育,不会与学生直接接触。从国家的角度来看,那里并不危险,因为它不培养个性太强而又喜欢闹事的人。"①

无能为力的感觉并不是默克尔喜欢的,对于东德社会体制的思考,即使是对日后在科学院潜心搞研究的她来说,也从未停止过。

1980年10月13日,统一社会党领导人昂纳克提出"格腊条件",此举的目的是更加彻底地分裂东德、西德,这一事件彻底引发了东德人民的愤怒,多年的分割和政治高压,让人们精疲力竭。他们渴望东德西德能够和平共处,随意往来,年青一代已然不甘被控制,人们纷纷走上街头,表达自己的态度,但换来的只有统一社会党政府更高强度的打压。

---

① 默克尔,米勒-福格.默克尔总理:迈向权力之巅[M].李卡宁,许文敏,译.北京:国际文化出版公司,2006:41.

此时的东西德已经被柏林墙分割25年之久,人民和政府之间剑拔弩张的紧张气氛笼罩在整个东德上空,同时,东西德经济和物质资源的差距越来越大,这一切都影响着柏林墙两边居住的人民。对于他们来说,逃离东德,意味着逃离精神压力和贫穷。无数东德人计划如何逃往西德,默克尔身边的同事们也不例外。当时的默克尔正在修读博士学位,并没有做出相同的打算,但因为表姐结婚而有机会去过西德,见识过一墙之隔的政治体制与经济水平不同的她,内心也经历着外人看不见的风起云涌。

当时年轻的默克尔从未意识到自己有可能走上政治这条路,因为这时候的她有着物理研究所的工作,和自己在大学期间坠入爱河的丈夫结婚并住在一起。她工作在离家并不远的柏林科学院,生活似乎可以一眼就望到头。如果不是因为那一晚,她可能永远意识不到自己内心中亟待喷发的政治热情。

第二节 价值寻求:物理学家颠覆德国政坛

1989年11月9日,沙博夫斯基通过记者会宣布东德人民可以不用办理任何手续自由前往西德,兴奋的人们走向东西德所谓的"分界线",拿起手边的工具砸向这面矗立了28年之久的高墙——柏林墙轰然倒塌。当晚,街上灯火通明,无数热血澎湃的东德人涌上街头,欢呼高歌。默克尔和她的女性朋友也混在其中,那天她们一改往常的习惯,喝了很多啤酒,在西德的街上逛到了深夜。

柏林墙倒塌了,东德人民可以自由前往西德,这无疑是默克尔在科研所工作的时光里一个非常振奋人心的政治事件。她同当时所有东德人一样,在这几日里几乎无法静下心工作,所有的目光都聚焦在可能发生的政治变革上。一时间,政治成为德国人民茶余饭后的首选话题。默克尔也不例外,对于她来说,能够自由出入西德了,就意味着她和母亲"可以去坎姆平斯基吃牡蛎了"①,这是自由的象征。但当她和朋友们聚会的时候,却发现她们想得更远,她们认为东德西德必将朝着统一的方向发展,东德很有可能被吞并。那时的默克尔并没有想得这么远,她只是常常望着东德的方向出神。

柏林墙倒塌,自由行不再受限,但东西德的分裂还没有得到解决。德国会一直这样分裂下去吗? 东德的未来又该何去何从呢? 西德之行的所思所感时常萦绕在默克尔的心头,仅仅一墙之隔,不同经济体制下的贫富差距实在令人咋舌,多年的思考和困惑仿佛这个时候应该派上用场了,该是负起责任的时候了。柏林墙的倒塌、街头人人谈论的东德未来仿佛点燃了在这个女人身体里潜藏了多年的政治热情。

是的,这时候不去做些什么,更待何时?

怀揣着满腔的政治抱负,默克尔选择了她的第一个政党——民主觉醒党。这是柏林墙倒塌前期从西德渗透进来的组织之一,不同于当时更为火热的社会民主党,民主觉醒党是一个新成立的政党,和当时大批的党派比起来甚至显得有些无人问津。和自己的领导克劳斯·乌尔一起寻找各种党派组织的时候,默克尔到过社会民主党,当时的社会民主党有一些强制性规定,比如大家相互之间用"你"来称呼,要一起唱"兄弟们,走向太阳,走向自由"②的歌等。自小在东德长大,又是牧师女儿的默克尔很难接受这种限制。同时,因为过分受到平均主义的影响,她就这样选择了这个新的组织,渴望能在这里为自己的国家出一份力。

虽然在民主觉醒党内默克尔做的都是一些微不足道的事情,但她认真负

---

① 周璇.默克尔:一切梦想终将成真[M].北京:台海出版社,2015:37.
② 默克尔,米勒-福格.默克尔总理:迈向权力之巅[M].李卡宁,许文敏,译.北京:国际文化出版公司,2006:52.

责,做事也踏实,因此成为这个组织内唯一的东德工作人员。此时东德的政治方向已经日益明朗,倾向于统一和市场经济。

1990年2月,默克尔向科学院请了长假,为了更好地投入政治工作,她告别了多年的物理研究,彻底走向了人生的另一个方向。严谨踏实又肯吃苦的她被安排在当时民主觉醒党主席沃尔夫冈·施努尔身边做事。这位主席的做派时常让默克尔觉得很不"靠谱",默克尔从小就是个善于规划自己人生的人,尽管到从政为止,她常常是在历史的洪流下被迫做出人生选择,但她对时间的态度是十分严格的。

她在中学时代和同学交往时就认为,在对待事情的时候应当提早知道可能会发生什么。因为如果不能做好计划,等事到临头,一时冲动,人们总会付出或大或小的代价,所以有准备总是比没有准备好。但这位主席与她的做事理念明显相反,他虽然有明确的自信心,但是傲慢,目空一切,也不能够脚踏实地地工作。他对时间的安排就是一团混乱,时常因为没有安排好次要事情的时间而耽误了更加重要的事情,默克尔认为这样的他必然难有作为。

默克尔的判断也许没有错,但她万万没有想到,就是这位主席的"不靠谱",让她有机会在政治舞台上大展身手。当时,民主觉醒党即将参与1990年3月的选举活动,但施努尔的安排非常混乱,选举前不久才开始开展工作。会议上,大家决定要选一个新闻发言人专门代表党派对接新闻媒体,但迟迟没有合适的人选。一天早上,康拉德·阿登纳基金会要来访问,施努尔又没有时间接待,他打量了一下在办公室打杂的默克尔,对她说:"你去接待一下吧。"默克尔认为自己的身份不太合适,施努尔接着就说:"那么你现在就是民主觉醒党的发言人了。"[1]

---

[1] 默克尔,米勒-福格.默克尔总理:迈向权力之巅[M].李卡宁,许文敏,译.北京:国际文化出版公司,2006:56.

就这样,默克尔糊里糊涂地成了党派发言人。人民议院的选举近在眼前,她临危受命,承担了这份十分艰难的工作。凭借着过人的胆魄,默克尔接下了这份不可能的任务。留给她准备的时间只有一个月,她做出了充分的准备,迅速地进入了角色,并很好地承担起这一职务。

诚然,机遇并不是一切成就的基石,机遇不过是敲门砖罢了,就像英国诗人艾略特说的:"对于不会利用机会的人,时机又有什么用呢?一个不受胎的蛋,是要被时间的浪潮冲刷成废物的。"但默克尔不是这种人,她一步步从当时民主觉醒党的工作人员走到更大的政党领导人面前,走到整个德国面前,甚至走到欧洲和世界面前,这都得益于她总是能够在对的时间点站在对的位置上:每一次机遇降临时,她恰巧都能够把握住;每一次面临挑战时,她又都可以完美胜任。

媒体眼中的默克尔,总是衣着朴素、语速平缓,说话做事井井有条。尽管看起来并不起眼,但她的发言总是言简意赅,给媒体甚至其他党派的成员都留下了非常好的印象。她绝佳的沟通能力借着发言人的身份得以展现,这也为她的下一次起跳加足了马力。

1990年3月18日,东部基民盟在选举中大获全胜,主席洛塔尔·德梅齐埃开始着手组建内阁。在组建内阁过程中,他发现缺少一位能够协助当时的政府新闻发言人蒂亚斯·格勒应对媒体的成员。在德梅齐埃看来,为了体现东德新政府的多样性,他希望这名成员能够是一名党外人员,最好还能是位女性。作为民主觉醒党发言人的默克尔完全符合这些标准,当然,得到德梅齐埃和蒂亚斯·格勒认可的,还是默克尔在镜头前一丝不苟的特质以及有条不紊的发言。

就这样,默克尔成为东德的政府副新闻发言人。

1990年8月,民主觉醒党并入东部基民盟,默克尔顺理成章地加入了东部基民盟。在这之前,她其实早已对民主觉醒党有一些失望。因为在她就任发言人期间,主席施努尔还被媒体曝出曾经在统一社会党时期做过东德政府的"秘密警察",虽然默克尔早就做好"人人都有可能曾是东德政府的'秘密警察'"的心理准备,但政党主席爆出丑闻这一消息已经足够让她感到愤怒。

"女性具有较强的沟通能力、敏锐的直觉力和严谨细致的性格特征。"[①]这是女性领导力研究中的一个观点。从这个维度去分析,虽然直觉力无法得到验证,但默克尔绝对具备强大的沟通能力和严谨的性格。

政治领域的她又与从事科学研究的她截然不同。在政坛内,默克尔似乎找到了发挥自己长处的钥匙——她的口才以及良好的语言能力在这里得到了充分展示。同时,在政治领域,作为科学家的严谨认真特质也给了她极大的帮助。理性思维让她在应对媒体刁钻的提问时最大限度地做到了逻辑清晰和井井有条,而从小对于政治的兴趣让她在工作中获得了热情和动力,有关于政治问题的真知灼见,有时也会被采纳。默克尔的工作水平,得到了党内外的一致认同,就连当时的反对党统一社会党都不吝惜对她的称赞。在跟随德梅齐埃前往莫斯科签订"2+4"协议的过程中,她优秀的俄文水平也有了用武之地。

两德统一作为必然的趋势,随着《德国统一协定》的签订到来了。在这之前,德梅齐埃联系了西部基民盟主席赫尔穆特·科尔,为了应对德国统一后的政治局势,双方同意两党合并为全德基督教民主联盟。10月,东德政府正式停止所有工作,暂时由西德政府接管,等待新一届全德联邦议会的选举结果。

已经认识到自己政治热情的默克尔决定参加全德议会选举,以便能够更好地实现自己的政治抱负。在确定选区的过程中,她有针对性地、明智地利用了自己身为一名东德人的优势,将目标指向了施特拉尔松、吕根、格利门选区。

---

① 蒋莱.性别刻板印象及其对女性领导发展的影响[J].中国浦东干部学院学报,2009(5):95-99.

在这之前,她已经得到了曾任东德总理府秘书的君特·克劳泽的帮助,克劳泽为默克尔找了一份联邦新闻局副处级职务的工作,以便她能够更加后顾无忧地去参加选举。在东斯巴德普鲁拉,默克尔进行了震撼人心的演讲,为自己的竞选做出了一切可能的努力,最终,她以48.6%的选票成为联邦议会的新成员。[①]

新的机会再一次"砸"中了默克尔,这一次,她遇到了自己人生的伯乐。

在全德基民盟成立会上,默克尔曾与后来的总理科尔有过一面之缘,科尔表示出对默克尔工作的赏识,在默克尔参加了联邦议会选举之后,科尔还曾邀请她去总理府一叙。科尔询问默克尔如何看待妇女议题,还与她谈了一些关于选举的问题。科尔似乎对这次谈话感到十分满意,这让默克尔不禁猜测自己通过选举之后可能会有一份较为不错的差事了。但令她没有想到的是,科尔居然直接任命自己做了妇女和青年部部长一职。虽然感到惊愕,但默克尔立即接受了这一任务。

实际上,科尔在组建内阁的时候,考虑到两德的统一,他认为内阁中应当多一些来自东德的员工;同时,默克尔作为女性,担任妇女与青年部部长再合适不过,并且这位东德女性之前在新闻镜头面前表现出的能力水平也得到了民众和政界的认可。这样的身份和能力使默克尔被科尔挑中,成为他新组建的内阁中东西德平衡的佐证和样板。

就这样,默克尔通过竞选后近乎"飞升"为联邦部长,而过分年轻、从政经历过短却"一步登天"也让政界和人民对她议论纷纷。在得知她是被总理科尔一手提拔之后,甚至有媒体直接称她为"科尔的小姑娘",在这之后,这个称不上礼貌的称呼跟随了默克尔很长的一段政治生涯。

理性地看待默克尔的这两次连跳,在很大程度上是沾了性别的光,搭上了

[①] 陈璇.默克尔:一切梦想终将成真[M].北京:台海出版社,2015:54.

性别配额这列直通车。以伊拉克政党制度为例,法定性别配额适用于几乎所有政党,它要求在每个政党中女性必须占有议会候选人的最小比例——宪法和一系列法律都考虑在政府中吸收女性群体。① 虽然政治保守的德国并没有这样的明文规定,但很明显东德基民盟主席洛塔尔·德梅齐埃和全德基民盟主席科尔都考虑到了内阁组建中男女比例的协调性。

默克尔从民主觉醒党的一个名不见经传的小党员走到联邦部长的过程短暂却曲折,可以说,如果她没有在对的时间站在对的地方,我们可能就不会看到这位被称为德国母亲的女性闪耀在政坛。假设她没有在施努尔的办公室打杂,假设她没有给德梅齐埃留下深刻的印象,假设她没有选择参加新议会选举而只是成为一名新闻局的处级干部……

历史不容假设,因为默克尔已经以强硬的姿态站在我们面前。从她的从政轨迹来说,也许确实像是一种对的时间、对的地点的"机遇论"。但如果每次站在那里的不是默克尔,我们很难想象有其他人能够如此拥有胆魄地将这些挑战尽数接下,完美消化。此外,如果默克尔没有科学家的逻辑、东德生活的经历、踏实务实的性格以及在新闻媒体面前代表政党清晰准确发言的口才,她也断然不会走到今天。

对的时间,对的地点,站着对的人,这才是历史的选择。

而历史,也赋予了这个女性更多、更大的使命。

在成为基民盟副主席之前,因为德梅齐埃的辞职,党内产生了许多空缺职位。默克尔曾冒险参与竞选勃兰登堡州的基民盟主席,但最终败下阵来。当时该区已经有了一位更受欢迎的政治家沃尔夫·芬克参与竞选,再加上勃兰登堡州有相当一部分老东德民众讨厌科尔,因此在科尔表现出对默克尔的全

---

① 默克尔,米勒-福格.默克尔总理:迈向权力之巅[M].李卡宁,许文敏,译.北京:国际文化出版公司,2006:67.

面支持后,老东德人民更加排斥默克尔,认为她作为"科尔的小女孩",始终是被科尔操纵的傀儡。在该区选民的抵触情绪下,默克尔以极低的选票败下阵来。

那个时代被称为"科尔的时代",而作为"科尔的小女孩"的默克尔却寸步难行。

"科尔的小女孩"这个标签自从默克尔受科尔提拔成为联邦部长之后就一直与她如影随形。年幼时期就开始不断被定义的她从没有对任何一个标签有过这种程度的愤怒。与以往的偏见不同,在她看来,这个称呼的意思就是思想上受另一个人指导甚至控制,一切她鼓起勇气做出的勇敢选择在众人看来都是科尔的指示。在任职期间,她努力地为了被看作独立的人而不停做出选择。

德梅齐埃下台之后,默克尔继任基民盟副主席。更多刻薄的语言接踵而至,"拥有双倍身价的女性""受科尔操纵的傀儡"等一些不实的言论散播。默克尔这位拥有野心和抱负的政治家在愤懑不平的同时,也从未放弃过任何能够证明自己的机会。时任基民盟副主席的她,虽然身居要职但并无实权。党内很多重要决策,科尔不会同默克尔商量,而默克尔如果要施展自己的抱负,需要更多能够发挥的空间。

她很快找到了一个新的突破点:曾经在她竞选过程中给了默克尔很大帮助的君特·克劳泽因为被曝出与德国军火商勾结,不堪舆论压力辞职。克劳泽一辞职,梅克伦堡-前波美拉尼亚州基民盟主席的职位便空缺了出来,在征求梅前州州长的同意后,默克尔参与了这一职位的竞选。

勃兰登堡州的失利让她学会了如何组成多数派、怎样贯彻自己的意图。面对这次选举,她更加脚踏实地提早准备,再加上梅克伦堡-前波美拉尼亚州原本就是默克尔赢得选举成为联邦议员的选区,在这里,她轻松赢得了党组织成员上上下下的支持,最终赢得了这个对她意义非凡的位置。

对默克尔来说，之前作为妇女青年部部长，承担的职务较轻、工作难度也不大，而从成为一个州的党主席开始，她必须学着如何更全面地考虑所需要处理的事务，如何长远、全盘性地做出决策，这对她也是一个相当大的锻炼。同时，拥有了自己的政治大本营，也让她能够更加没有后顾之忧地去大刀阔斧做出一番自己的事业，一步一步摘下自己身上不公正的标签。

1994年，科尔带领的基民盟再一次打败了竞争对手成为执政党，连任4届的科尔成为德国历史上任职时间最长的一位总理。在重组内阁时，默克尔所负责的妇女青年部将与家庭和老年部进行合并。这时的默克尔因为人生选择不同已经与自己的第一任丈夫离婚，没有婚姻关系也没有家庭的她不再适合担任联邦家庭部部长。于是，科尔在征求她的同意后，将环境部部长的职位交给了她。

默克尔对这个任命的感受是复杂的，一方面，在这个职位上，她物理学博士的学术背景能够更好地发挥作用；但另一方面，环境部部长做起来并不简单，用默克尔自己话来说："这是一个不能期望让人们说好话的部门。而交通部就不同了，如果交通部部长把他的实惠割让出来，基民盟的成员们会拍手称赞。如果我当时要为自己着想的话，就会去竞争交通部部长的职位。"[①]

"在我的部里，我有权制定基本方针。"这个惯于沉默的女人这样说，也这样做了。

在担任环境部部长之后，默克尔被冠上了"轻量级部长"这样的名号，媒体和民众认为她是"轻量级"人物来挑战"重量型"工作，德不配位的评价给她造成了相当大的阻力。党组织内部的很多成员都认为这个长期受到科尔羽翼保护的小女孩没有能力做好这一职务，因此，一些人表面上表示尊重，实际上却

---

① 默克尔,米勒-福格.默克尔总理：迈向权力之巅[M].李卡宁,许文敏,译.北京：国际文化出版公司,2006：67.

纷纷在私下嘲讽这位新上任的女部长。

默克尔没有反驳,她直接辞退了一位前任部长留下的二把手。这位国务秘书恃才傲物,自视甚高,经常会当众挑衅领导人,只为让他们下不来台。默克尔一上任就将他辞退,这个行为遭到媒体和同僚们质疑后,她近乎强势地说出了那句:"在我的部里,我有权制定基本方针。"

强势的态度让本来对默克尔轻视的同僚及下属对她刮目相看,不敢再轻易地挑战这位部长的权威。威严树立起来后,说服媒体和人民最好的方式仍是干出实绩来。作为实干家的默克尔在这一点上从不会令人失望,1997年12月,默克尔出席日本京都举行的气候峰会时,以一己之力促成了《京都协议书》的签订,这一协议至今仍在对众多国家温室气体的排放产生约束,并力求保护全人类生存的地球环境。

同时,默克尔在任职期间也解决了核废料密封箱的运输问题;制定了符合环保要求的一次性包装法规;分别制定了自然保护法、新的土地保护法、废物利用法、循环经济法等。提到在环境部门任职的成绩,她说:"我想,我应该是一位合格的环境部部长。"

尽管默克尔有着严谨的逻辑、刚硬的作风,但聪明如她,绝不会忘记利用自己女性身份的优势。如果必要,她并不介意通过展现柔弱来达成目的。著名的"安格拉·默克尔之泪"就是她从政以来为数不多的示弱。

"当时我担心,夏天已至,这个提案肯定无法及时通过和实施。在这种情况下,如果是一位男性,他可能会大声喊叫,而我,却只能眼泪夺眶而出。"这是默克尔对推进提案颁布的那滴泪的解释。

在担任环境部部长期间,默克尔看到很多民众反映夏季烟雾排放严重,影响了人们的日常生活。她希望能尽快解决这一影响民生的问题。但解决夏季烟雾排放并不是环境部门一个部门能够做到的,她希望能够与其他内阁部长一起协调处理这一问题,出台《反烟雾臭氧法》。时间紧迫,人民都在等待,必须要尽快开始行动。但当时内阁内大部分部长都反对这一提案,连一直支持默克尔的科尔看到这种情况,都表示了对这一提案的不认可。心急又担心的默克尔终于不受控制地在议会上放声哭了起来。

她的眼泪让在场的所有男性都束手无策,这看起来倒像是一群男士在合伙欺负一个弱女子。总之,不论是怜悯,还是因为脸上挂不住,默克尔的眼泪最终换得了内阁部长们的重视——几位不同意该提案的部长再次就夏季烟雾问题交换了意见,这项提案最终通过并开始实施。而面对实施过程中仍旧存在的协调委员会和各州政府内反对的声音,最终默克尔做了妥协,先试点、再推广,最终促成了这件利于人民健康生活出行的法案。

默克尔从政生涯的前半段,一直致力于跳出安全区去证明自己。她并不甘心做另一个人的影子,但同时也不愿意辜负提携自己的伯乐的厚望。从妇女青年部部长到基民盟副主席,从梅前州党主席再到担任环境部部长,这位强大的女性在每个职位上都留下了奋斗的轨迹。尽管这些轨迹仍旧难以冲刷媒体在她身上打下的烙印,但终究成为她能够大声宣告"我不是科尔的小女孩,我并不喜欢这个称呼"的底气。

第三节 峰顶挑战:带领欧洲走出危机的"施瓦本主妇"

默克尔喜欢听歌剧,她毫不避讳地表露出自己对瓦格纳的钟爱。她喜欢瓦格纳笔下那些与时代格格不入的人物和他们令人唏嘘的悲怆命运。默克尔点评《尼伯龙根的指环》这出戏剧的时候这样说:"如果事情一开始就错了,反而可以成就某些人,但永远都不会回到好的结果上来。"①

---

① 柯内琉斯.默克尔传[M].杨梦茹,译.北京:中信出版社,2014:63.

"起步对,步步皆对"与其说是她对瓦格纳戏剧的点评,不如说就是她直白的人生观念。事情一定要从一开始就做好计划、井井有条,要保证执行的进展,按部就班,直到取得最好的结果。她将政治看成一个线性过程,如果不能带来好的结果,装饰得再天花乱坠的决策,她也无法接受。这和她从小就接受的教育高度一致——追求正确、脚踏实地。她的政治路线也是这样,沉默而犀利。

1998年的德国大选,联盟党败下阵来,成为在野党。

实际上,联盟党这次的失败,是当时可以预料到的。大选期间,各处流传着科尔因为16年的执政早已精疲力竭的说法,再加上文化现象的影响,人们开始追求更新、更现代化的风格。科尔在这次败选后主动让出了党主席的位置,宣布朔伊布勒将成为新一任党主席。

朔伊布勒对科尔非常不满,他认为科尔在执政期间越来越专断。相比之下,他对默克尔更有好感。两人在默克尔任环境部部长期间就有过接触,对于环境问题的见解十分相似。同时,朔伊布勒也发现这位来自东德的女部长的政见多数情况下都中肯且富有智慧。因此,在朔伊布勒出任党主席后,默克尔在他的支持下顺利当上了基民盟总书记。

当然,默克尔作为科尔的副手,能够成功拿到这个位置,还有一个不可忽视的原因:朔伊布勒并不忌惮默克尔。在他眼中,默克尔看起来既无野心,又没有强大的政治背景和多么耀眼的政治成就,在自己的领导班子中,默克尔应当是能够被轻易把控的。

正如默克尔青年时期所呈现出来的一样,保持优秀且低调的能力,再一次帮到了她。而朔伊布勒随即也将认识到,这位总书记并不是自己能够随便看不起的。

很快,基民盟就迎来了成立以来最为强大的风暴——政治捐款案。1999

年11月4日,奥格斯堡国家检察机关发布逮捕令,逮捕了基民盟前财务主管瓦尔特莱斯勒·基普,罪名是他与基民盟前财政顾问一起接受了100万马克的政治捐款,该款项由因偷税逃到加拿大的卡尔海因茨·施赖伯捐赠。

这一"政治黑金案"迅速在德国掀起了滔天巨浪,基普是基民盟内非常重要的人物,科尔在任期间的整个基民盟都无法在这件事情上置身事外。这时的基民盟名誉主席科尔出面发言称基民盟与自己对此事并不知情,但他迅速就被接下来的调查结果打脸。迫于舆论的压力,科尔不得不承认原东德难民的抚恤费用就来自一笔价值200万马克的秘密献金。同时,事态进一步恶化,德国检察官下令调查后,朔伊布勒也被查出牵涉其中,他承认自己曾收取施赖伯10万马克的献金。科尔的受贿数目远远超过他所承认的,并且他坚持不肯透露献金来源和去向。在群众愤怒的声讨下,科尔再一次站出来道歉,承认自己曾在基民盟内部设置了秘密的账户,收取了100万马克左右献金。与他的发言不符的是,调查人员发现基民盟财务内至少有1200万马克的不明来路的钱款。

政治献金一案,让科尔名声扫地。人民不再相信科尔,更加不再相信他所领导的基民盟。时任党主席朔伊布勒站出来道歉,因为他自己也牵涉其中,不但道歉结果收效甚微,还遭到了大量民众的抵制,纷纷要求他辞去基民盟主席一职,基民盟内部一片恐慌。一方面,前任主席科尔拒不交代献款人和钱财去向,现任主席朔伊布勒也自身难保,基民盟在德国人民心中的印象一落千丈;另一方面,科尔与基民盟的发展壮大密不可分,他在基民盟中仍然拥有极高的地位,如何处理和他的关系实在令党内人员头痛。科尔那边僵持不下,基民盟无法做出决断,这样下去整个基民盟都将为案件陪葬。

对于政治家来说,站错队伍无疑是致命的事情,基民盟一旦倒了,意味着基民盟党内所有人多年政治生涯都将断送。在这个风口浪尖,默克尔站了出来。满弓的锐箭,发射的时候需要的不仅是精准的判断力,更需要弓箭手的胆魄与勇气。她瞒着主席朔伊布勒,联系了《法兰克福汇报》的编辑,发表了一篇署名文章。在这篇文章中,她详细地说明了对科尔和政治献金案的看法,承认了科尔在职期间的功绩与成就,同时认为政治捐款案是性质恶劣、不能原谅的,应当查清事实,基民盟也将大力配合。整篇文章不卑不亢,态度坚决而明确地将基民盟与科尔划清了界限。

这篇文章一经发表,立刻在社会上引起了轩然大波,有人认为默克尔此举深明大义,有人则认为她狼子野心。多年受科尔提携照顾的经历让她背上了"忘恩负义""落井下石"的骂名,基民盟党内也认为她这一决策做得未免"太绝",朔伊布勒更是勃然大怒,因为默克尔压根没有经过他的同意。

对于发表这篇文章可能会产生的后果,其实默克尔早就预设过。这篇文章的发表可以说是她整个政治生涯所经历过的最大政治风险。然而,在基民盟生死存亡的关头,必须有一个人站出来做决定、表态度,其他人不敢豁出去,但默克尔敢。默克尔深谙这一点,因此她做了这个吃力不讨好的人。

祸兮福之所倚,民众对基民盟的看法因为这篇文章有了一些改观,但这远远不够。这个阶段,基民盟内的所有人都在寻求一个新的自由空间,走出这种被动局面,重新开始积极地开展工作。朔伊布勒也认识到了这一点,他引咎辞职,留下了正在最危难关头的基民盟,也将主席的位置让了出来。《法兰克福汇报》事件让党内众人清晰地看到了默克尔在危急关头展现出来的责任心、魄力和智慧,她正确的选择挽救了基民盟,因此,推选默克尔作为主席的呼声也越来越高。

这一次,默克尔不会后退。2000年,默克尔以96%的高选票成功当选基民盟主席。

对于默克尔的上位,媒体众说纷纭,有人认为这将是她大展身手的好时机,也有人说她不过是危难关头作为过渡的领导人。但无论媒体怎么说,在10年的时间里,默克尔从基民盟的小党员成长为党主席,中间的过程不可谓不传奇。

2001年,默克尔作为基民盟主席,正式成为德国总理候选人之一,能否作为党内唯一候选人去参与德国总理的竞选,另一个人的决定显得至关重要——基社盟主席施多伊贝尔。对于是否参与总理的候选,施多伊贝尔的态度极为暧昧,他先是声称自己对成为候选人并无兴趣,后来又宣布自己将参与竞选。作为联盟党,两党只能选择一位总理候选人,两党的关系一时间十分紧张。相比较于担任州长多年的竞争对手施多伊贝尔,默克尔并没有自己的政治力量,她目前在党内只担任主席,没有任何公职,在这样的情况下,与施多伊贝尔竞争几乎毫无胜算可言。

联邦理事会的各位州长们也都表明了他们的态度:支持施多伊贝尔,并不喜欢默克尔。继续参加竞选显然不利于默克尔的处境,一旦参加竞选,基民盟基社盟将共同投票。而如果默克尔失去了自己党内的支持,她必须走下这个位置。是将候选人的位置拱手让人,还是再坚持一下,等待变数呢?

又是一次新的挑战,但不同于发表"决裂信"那样不容置喙,这一次,她仅仅用一顿早餐便化解了危机。会议前一天晚上,默克尔预约了施多伊贝尔的私人时间,提前一天乘坐了航班,第二天清晨抵达后她去了施多伊贝尔家拜访他。这是一顿气氛十分轻松愉快的早餐,默克尔在早餐的结尾说明了自己的来意——她将退出候选人的竞争,全力帮助施多伊贝尔参与竞选。

在基民盟主席团和联邦理事会会议之前,政治家的敏锐嗅觉和科学家关于可能性预估的理性带领着她做出了决定。在民意偏向科罗德的大势下,竞选未必能够成功,还将让自己现在的地位不保。退出竞选,意味着危机的化解,同时也意味着下一届联盟党的总理候选人将非默克尔莫属。

将欲取之必先予之,默克尔这招以退为进,成功化解了针对自己的政治危机,也消弭了联盟党之间紧张的氛围。施多伊贝尔就这样成为这一届的总理候选人。

2002年9月,基社盟主席施多伊贝尔代表联盟党参与大选,在大选中败给了代表社会民主党的前总理施罗德。令施多伊贝尔和默克尔大为灰心的是:联盟党在此次大选中只得到了38%的选票[1],这个数字在联盟党历届投票中可以排在末位。这样结果的产生其实也不难预料,黑金案令基民盟的支持率下降,联盟党必受影响;同时,大选之前施罗德保证德国将不会帮助美国攻打伊拉克,联盟党则没有就这个问题发表意见,长期处在战争恐慌中的德国民众畏惧可能会到来的战争,在民意调查中将大多数选票投给了施罗德,联盟党败下阵来。

2005年大选到来之际,默克尔没有任何异议地成为联盟党总理候选人。此时,德国最大的两个政党——施罗德领导的社会民主党和默克尔领导的联盟党也开始投身于竞选的前期准备环节。

默克尔在2003年出席莱比锡政治论坛,发表演讲《德国的未来在哪里》。在演讲中,她提到德国必须要重新成为一个把富裕和创造性融为一体的国家,整场演讲慷慨激昂,句句掷地有声,她反驳了施罗德曾指责的联盟党采取封锁政策的问题,并且宣称联盟党不会采取封锁政策,对于改革的态度也将公平公正。

这一次的演讲,让更多的人开始支持默克尔,承认她的领导能力和政治眼光。同时,对于对手,默克尔也没有松懈。施罗德上台之前曾明确承诺,如果自己上台之后失业率比科尔下台时候高,自己将不配再次被选为德国人的总理,会在任期届满后下台。施罗德在任7年中,德国的失业率问题并没有得到

---

[1] 陈璇.默克尔:一切梦想终将成真[M].北京:台海出版社,2015:109-110.

解决,但他也成功连任。默克尔抓住这一点,不断对施罗德演讲中的承诺提出质疑,质疑对方能否言出必行。

2005年9月18日,德国大选结果出炉,引发了一场全新的混战:联盟党获得35.2%的选票,社会民主党获得34.3%的选票。① 两个大党与自己的合作党派搭档的票数皆无法得到半数以上,无法得到宪法规定的席位数目,联盟党和社会民主党同时陷入了尴尬的境地。在组阁问题的僵持中,自由民主党不愿与社会民主党、绿党共同组阁;绿党对联盟党的政策进行了多项驳斥,并表示今后绿党要当在野党;唯一能够过半的组阁数只有一种选择,就是默克尔领导的联盟党和施罗德领导的社会民主党这两个敌对党合作组阁,但这带来的矛盾明显无法避免。谁来担任总理呢? 最终,经过20多天的多次艰难谈判,默克尔用社会民主党增加两个议会席位为代价,换得了社会民主党的合作。

2005年10月10日,两党宣布共同执政,并由默克尔出任总理,她成为德国历史上第一位女性总理。在登上权力之巅的同时,她也面临着更大的挑战,就像她在新闻发布会上说的:"我感觉很好,不过,前面有艰巨的任务等着我。"②

千帆过尽,终于成功登顶。这位来自东德的平凡女性,一步步走来,撕掉自己身上陈旧的标签,从"牧师的女儿"到"科尔的小姑娘",再到科尔时代的彻底终结,属于默克尔的时代到来了。与大多数在政坛上叱咤风云的人不同,默克尔没有在一开始选择从政,也没有政治世家的家庭背景,她甚至是从物理学研究者的身份转而走上这条路的。

如果柏林墙没有倒下,默克尔也许仍在柏林科学院埋头钻研。她的成功看起来似乎充满了偶然,机遇与好运时常眷顾她,她总是在对的时间节点站在

---

① 宸斐.女人的力量:女首脑人生启示录[M].武汉:湖北人民出版社,2007:113.
② 陈璇.默克尔:一切梦想终将成真[M].北京:台海出版社,2015:129.

对的地方。但必须强调的是，没有人能无端成功，她身上谨慎克制、理性果断的特质，让她从一众政治家中脱颖而出，新闻发言人的口才和过人的智慧是她的武器。

自2005年上任至2021年卸任，默克尔连任了四届总理。欧债危机、乌克兰危机和难民危机，默克尔在执政期间不断接受着挑战，她始终以一个守擂者的姿态带领着德国攻克难关。在她的带领下，德国不但渡过了这些难关，还成为欧洲经济的火车头。这位"德国母亲"身上的能量从来都不可估量。

德国《世界报》这样评价默克尔："默克尔上台之前，德国在欧洲是个疾病缠身的弱男子，是默克尔使德国变成了一个强壮的男子。"事实上，经济是默克尔取得民众支持最为重要的政绩。2006年默克尔上台后，她开始对德国萎靡不振的经济进行改革，与经济同时进行改革的还有社会制度和社会结构。默克尔一方面开始减少国家财政支出，另一方面开始降低税收补助，同时关注国内就业率走势。相关改革措施的贯彻落实使得德国的经济在短短几年内就有了起色。如今，德国已然成为欧盟中的领军人物，而这份功劳与"欧债危机"的平稳过渡密不可分。

2008年雷曼兄弟公司破产，金融危机爆发。欧洲各国不得不在短时间内做出对抗恐怖的经济坍塌和进行金融援助的决定。2009年，危机阵地转移到了欧洲，率先爆发于希腊。雅典的财政赤字高达国内生产总值的12%，同年12月全球三大评级公司下调希腊主权信用评级，希腊瞬时面临破产。同时，其他欧洲国家也不能幸免，到2010年4月底，债务危机已经蔓延到欧洲经济实力较强的西班牙、葡萄牙、意大利和爱尔兰。欧元市场下跌，欧洲股市暴挫，德国等欧洲区龙头对危机国家置之不理是不可能的，一旦这些经济体破产，整个欧元区都将沦陷，许多国际评论家纷纷猜测欧债危机带来的终将是欧盟的解体以及欧洲经济的崩溃。

欧债危机爆发的原因,究其根本,一方面是欧洲大部分国家长期使用了应当短期应用的财政政策。金融危机爆发后,美国主导的信用评级公司更是顺势落井下石。另一方面,欧元区虽然实行经济一体化,货币相同,但是实际上财政政策并没有统一。希腊长期与GDP不符的高福利、低盈余的政策使其负债累累,国家财政只能维持脆弱的平衡。

美国金融危机爆发以来,房地产泡沫破灭,这对希腊来说无疑是雪上加霜,政府没有盈余度过这段危险期,主权债务早已超过自身所能负荷。在这种情况下,评级公司的落井下石又将希腊进一步推向了地狱,欧债危机开始快速蔓延。同时,欧洲多数国家存在着严重的产业结构不平衡的问题,以旅游业和航运业为支柱产业的希腊、以出口加工制造业和房地产业为支柱的意大利、依靠手工制造业的葡萄牙以及以汽车制造业、建筑业为支柱的西班牙等国家,其本身经济过于依赖外部环境,政府为了扶持高新科技企业投入大量资金,资金主要来源于贷款。在这样的情况下,金融危机一爆发,融资成本瞬间飙高,整个国家的经济也受到冲击,从而爆发了这场整个欧元区的巨大危机。

在这样的局势下,享有"欧盟最大的钱袋子"之称的德国,成为欧洲各国的救命稻草。欧洲各国将求助的目光投向了德国,投向了默克尔。欧债危机席卷而来,德国受到的影响却比其他国家小得多,这一切都是因为德国政府的先见之明。从施罗德时期起,再到默克尔上台,为了提高德国就业率,促进经济的发展,德国大刀阔斧地进行了一系列改革,这其中就有减少国家财政支出等一系列政策。德国没有被大规模卷入这场风暴,除了默克尔贯彻的经济改革之外,德国的"国民性"也是关键。

"二战"后,德国经济呈现一片废墟的态势,德国人民在政府的领导下上下一心,艰苦朴素,依法纳税,才有了今天经济的起色。在这个节骨眼上,其他国家因为自己长期以来宽松的经济政策引来危机,却指望德国公民用自己省吃险用纳的税来帮助他们渡过难关,这种做法令德国民众感到不满。默克尔作为德国的总理,首先必须要考虑到德国人民的态度,因此,在欧债危机的最初,她拒绝了来自希腊的救助请求。

但默克尔也清楚,对于欧盟的危机,德国是不能置身事外的,危机会传染,恶性循环可能会使希腊破产。2010年,面对希腊不断提出发行欧元公债的请求,默克尔强调发行欧元公债对于希腊走出困境毫无帮助。无疑,默克尔的判断是正确的,危机爆发的原因在更深处,此时一味地为危机国家提供保护伞并不科学,有可能会影响到本国的经济发展。但德国作为欧元区最大经济体,不能在危急关头袖手旁观,于是她对请求公债的国家提出了一个要求:省。

外人看默克尔,都认为她谦虚谨慎、理智寡言、稳如泰山,但危机到来的时候,她并不是不慌乱的,谁也不知道它会扩展到这样的规模,谁也不知道这样的危机如何才能得到解决,世界上所有国家无疑都是在迷雾中摸索前行,没有参照系能够借鉴。默克尔不是神,她只是一个母亲,德国是她必须要牢牢护在羽翼下的孩子。

她深知德国无法在欧洲危机中置身事外,因此必须得伸出援手。德国民众不愿意将自己的劳动成果拱手让人,同一战线上的伙伴又想当然地认为只要给的钱够多,市场就会改善。顶着多方压力,她提出了这样一种最简单直接但让国际上大部分金融界学者难以理解的方案。

默克尔表明,要想让德国不再反对"保护伞"政策,并对危机国家提供帮助,唯一的要求就是危机国家必须进行自身改革。德国不会将辛苦赚得的钱投入无底洞,危机国家如果不能更改自己显然并不合理的财政政策,那么拿钱填洞就是徒劳的,债务始终会越累越多。同时,她还认为承诺必须有约束力,这样才能保障出资国的资金救助并不是拿钱"打水漂",为了产生约束作用,所有欧盟成员国必须联合签订新约。

默克尔很快找准了目标的合作人——法国总统萨科齐。双方会谈,共同商讨解决欧洲危机的方案:首先建立一个值得信赖的长期机构来协调欧盟各国的财政;其次,对《稳定与增长公约》和《里斯本条约》进行修改,添加成员国没有达到各国发展目标、出现经济失衡、违反财政纪律等情况的惩罚机制,并且强调各成员国应当加强往来,及时沟通关于维持经济稳定、保持经济增长趋势的问题。

好景不长,默克尔提出的节约政策和其强势态度使得很多欧洲国家的民众对她产生不满。类似于希腊这样的国家,长期以来维持着高福利、低盈余的财政政策,一下子让希腊人放弃自己轻松休闲的生活,开始勤俭节约,他们自然是做不到的。危机带来的影响仍旧在扩散,希腊等国却没有办法做到协议中的要求,投入资金始终是治标不治本的解决方法。除了欧洲国家的不配合,始作俑者美国对默克尔的嘲讽声音也不绝于耳,他们称默克尔为"施瓦本主妇"。"施瓦本主妇"是欧美文学中常见的一种带有贬义色彩的人物形象,指的是那些只会一味强调节俭,最终让事情越来越糟的主妇。

尽管面临着这样的压力,默克尔仍在坚持自己的态度——拒绝发行欧元债券,并且请求欧盟帮助的国家如果不能做到肃清内政,就休想拿到一分钱的补助。

她严格的态度又一次受到了来自德国内外的质疑。一方面,欧洲一些国家甚至将债务危机归咎于她,认为危机不能得到解决,都是因为德国不愿意用现金方式提供帮助。他们认为默克尔就是美国媒体所说的那种"施瓦本主妇",认为她固执己见,是整个欧洲走出危机的阻力。另一方面,来自本国的压力也让默克尔十分焦虑,对希腊各国提供现金援助以来,即便签订了合约,危机国家仍旧没有贯彻落实法案中的要求。在钱有去无回的同时,德国的经济也已经6个月萎靡不振,德国内部"停止帮助欧洲其他国家""退出欧盟""放弃

"欧元回归马克"的呼声越来越高,默克尔肩膀上的重担几乎压得她喘不过气。来自内部的压力也逼迫她重新考虑救援希腊的决定是否正确;欧洲媒体对她褒贬不一,默克尔面临着上任以来最大的难关。在重重压力下,2012年,默克尔在20国集团峰会上公开表示:"解决欧洲债务危机不应该苛求德国!"

危机到来之时,默克尔像一个强大的母亲,她首先将德国牢牢地保护了起来,拒绝任何可能给德国带来危机的形式;同时,她也是一个仁慈又严格的"施瓦本主妇",承诺如果对方能够从根本上谋求改变,自己就会力所能及地给予帮助。默克尔的坚持获得了法国总统萨科齐的认可,萨科齐公开支持德国的援助法案,其他欧洲国家不得不加入其中,对《稳定与增长公约》进行完善,同时引进了针对欧洲各个政府财政经济监督的"欧洲学期"机制。随后,欧洲各个国家效法德国,将肃清财政、厉行节约写进宪法,力求能够摆脱困境。

在做好了进一步应对危机的充分准备后,默克尔继续推进对希腊的帮助。她放宽了自己的要求,通过了中央银行的方案,提高了贷款援助数额,通过了欧盟峰会上提出的针对欧债危机的三项重要决策。就此,新政策正式落地。政策实行后的好的效果逐渐显现出来,西班牙、爱尔兰的经济市场逐渐趋于稳定,并慢慢回升。开始于希腊并蔓延至整个欧洲的这场"欧元区大火"也得以控制。

在这场危机中,默克尔显示出了自己作为一国领导的胆魄。身为欧元区大经济体的领导人,她选择听取自己人民的意见,将德国紧紧地护在自己身后。在欧债危机处理过程中,虽然"退出欧盟"这样反对救助的声音仍旧存在,但是在德国民意调查中,默克尔的民众满意度达到了上任之后的最高点。

德国民众安心地将自己交给这位"母亲"带领,欧洲各国媒体虽然对默克尔在欧债危机中的表现褒贬不一,但是不得不肯定默克尔在面对危机时表现出来的决断力。默克尔也成为拯救欧盟于水火之中的"妈妈"。她就这样以高超的政治技巧和灵活的政治头脑,成为媒体眼中的"欧洲女皇"——欧洲政坛中一棵屹立不倒的常青树。

在政治保守和男人掌握政权的德国,默克尔能出任总理本来就是一个奇迹。作为德国近代以来的唯一一位女性总理,她的政治威望极高。上任以来,面对不断出现的挑战,她一路过关斩将,成为欧洲人民心目中的定心丸。而要分析默克尔作为一个国家领导人的手段,她独特的外交理念就成了一个不得不谈的话题。除了德国的经济不断发展为默克尔站台之外,她的外交水平也得到了德国内外的认可。正如她竞选总统时所说的"外交是我的专长"那样,这位总理相比于德国内政,更喜欢外交。

在默克尔连任的前两个任期内,她着重强调"价值观外交",到了默克尔连任第四期,她的外交政策也随着国际局势的改变产生了相应的变化。这位"德国母亲"的外交政策,也始终保持着刚柔并济的风格。

默克尔上台初期提出的"价值观外交",就是强调德国在对外关系中应当确保价值观的地位,维护西方民主、自由的价值态度,她按照意识形态和政治制度来制定外交政策。默克尔认为,"人权大于主权"。实行"价值观外交",主要体现在与"有相同价值观"的主权国家结盟、增强与民主国家之间的关系、民主国家应该联合起来对抗非民主国家这几个要点中。这打破了以往德国的贸易立国的理念,也一改德国低调的外交风格,引起了全社会的关注。

默克尔强调与西方盟国建立友好的外交关系,同时,在外交政策上,亲美一直是她坚定的选择。她认为,西方的发展需要依靠各国的统一和团结,推进欧洲一体化的进程,同时强化跨大西洋伙伴关系,力求欧洲能更加强大,进一步提升德国的国际地位。

施罗德在位期间,德国政府对于伊拉克问题的态度曾一度让德美两国关系陷入低谷,双方都在寻求和好的契机。默克尔上任后在柏林接待了美国国务卿赖斯,通过赖斯传递了德国希望与美国改善关系的信息,她认为德美具有共同的价值观,应当加强合作,共同应对未来来自国际社会的挑战。

此后,2006年,默克尔两次访问美国,与小布什共商美德关系改善的方式。德国与美国的关系就呈现回温态势。

"9·11"事件发生后,美国发动阿富汗战争,德国作为北约盟国,派兵参加阿富汗战争,且军队数量仅次于英美两国。阿富汗战争对于德美关系来说,无疑是一个重要的纽带。默克尔在对北约各国的问题处理上基本延续了科尔和施罗德的战略,对德美关系表现出积极的态度,但2003年的棱镜事件严重影响了德美两国的友谊,默克尔的私人和公务手机皆处在美国国土安全部的监控中。经历过东德社会监控公民生活的德国人对这件事情极为愤怒,默克尔也就这个问题表达了自己的不满,称"对朋友的监听是不能接受的"。

棱镜事件对于德美两国友好的公众基础造成了冲击,但出于德国利益考虑,以及默克尔本人对德国的发展战略来看,美国仍旧是德国无法替代的合作伙伴,德美关系并不会产生根本性变化。默克尔在位期间,从总体上来看,德美关系的主要特点为"选择性同盟",双方能够在一些问题上找到共同点,在一些问题上也必然存在着分歧和矛盾。但默克尔坚持,合作必然是大于分歧的,共同的利益也必然是高于矛盾的。

在对待中国的问题上,默克尔有着和对待美国完全不同的态度。不同于以往贸易立国的方针,默克尔强调的"价值观外交"在很大程度上对中德关系造成了影响。为了减少中德两国之间的摩擦,也为了争取连任做准备,2007年默克尔在德国之声宣布:"我们希望能够与经济大国中国维持亲密的合作伙伴关系。"2000年,中德关系重新回到正轨。

对待中德关系、美德关系的"冰与火"之差值得默克尔反思,所谓的"价值观外交"和"人权外交"并不符合德国"贸易立国"的需求。如何建立更为全面的外交政策,是默克尔反复思考的问题。

2008年金融危机爆发,主权债务危机不断深化,以制造业和外贸出口为主要经济支撑的德国和其他欧洲国家需要与中国建立合作关系。在这个阶段,默克尔不得不重新反思她对中国的态度,2008年10月,默克尔第三次访华,中德两国政府表示将会开展经济合作。同年,默克尔公开祝愿中国成功举办奥运会,并表示会促进中德友好合作关系。2010年7月,默克尔第四次访华,她表示中国的发展值得瞩目。

在2012年德国债务危机阶段,默克尔对华进行第五次访问,委婉地表示希望中国能到欧洲进行投资,为双方提供更大的利益。在担任德国总理期间,默克尔12次访问中国,对待中国的外交态度也从价值观主导转为实质性的经济主导,德国与中国之间的关系也逐渐紧密。中德的外交之路尽管曲折,但前景乐观。

默克尔在外交中,最初阶段采取的"价值观外交"给德国带来了许多不良的影响。她在外交关系中采用"又拉又推"的方式,拉美印、推中俄,这种意识形态主导的外交形式并不符合德国长期的发展要求。但好在默克尔是科学家出身,虽然她态度保守强硬,但逻辑严谨的她知道什么是有好处的,什么是无益的。在面对中国的问题上,她能够痛定思痛,做出让步,反思价值观外交,强调现实因素与价值观是并重的,及时挽救和弥补恶化的中德关系,这也是很多政治家身上并不具备的魄力和胆识。

从今天来看,默克尔的外交方式有她自己的特色,"价值观外交"是一把双刃剑,在德国尚未成为超级大国之前,采取"人权外交"确实是不够理智的方式,经济利益与现实因素才是外交问题中最重要的因素。而默克尔似乎也明白了这一点,执政第三期以来,德国的外交政策朝着更加务实和积极主动的方向变化。这对于默克尔本人、德国、欧洲乃至整个世界来说,都无疑为一个振奋人心的好消息。

第四节 屹立不倒:"我会在某天带着尊严离开"

"我是来自东德的女性,而且非常年轻,但这一切都不会产生负面作用。"这是在快速成为联邦部长的时候,默克尔面对媒体的宣言。

从政以来,默克尔就有许多所谓的特殊身份:"东德人""女性"……在她登顶的道路上,这些特殊身份阻碍过她,也成就过她。对于女性身份,默克尔有着自己的态度,她认为社会对女性消极的双重标准和刻板印象的确存在,但是她鼓励所有受到双重标准影响的女性:"长期以来,在显赫的岗位上女性所占的数量很少。在这些岗位上没有榜样可循,没有比较,也没有可以效仿的女前辈。因此,女性必须要有更强的特性,只能坚定地往前走。不要怕被人说自己'太尖刻''太强硬''太软弱''爱出风头'等。人们必须相信自己,只有这样才能达到预想的目标。"[1]

说这番话的时候,默克尔还没有成为德国历史上第一位女总理。后来,她成为显赫岗位上的女性榜样,但她仍旧强调每个人的真实性与独特性。因此,当媒体将她和撒切尔夫人相提并论,认为她是德国的"铁娘子"时,默克尔表示:"我们都是政坛上持保守派立场的政治家,除此之外我们之间没有任何共同之处。"

媒体眼中的默克尔穿着保守老派、身材矮小、不苟言笑,她不像寻常的女性政治家给人留下的印象——要么美艳柔和,要么刚硬凌厉。她不爱打扮,也不爱经营自己的公众形象,默克尔似乎就是一个沉默寡言的科学家,一位深居

---

[1] 默克尔,米勒-福格.默克尔总理:迈向权力之巅[M].李卡宁,许文敏,译.北京:国际文化出版公司,2006:85.

简出的"主妇"。除了形象,她的生活也简单得过分:如果有休息的时间,除了看看歌剧外,她就会回到自己的家中与丈夫一起度过私人时光。

默克尔曾经有过两段婚姻。

1973年,默克尔进入莱比锡大学攻读物理系,在那里结识了自己的第一任丈夫——乌利希·默克尔。

乌利希是默克尔在莱比锡大学物理系的同学,比默克尔大一届,是工厂家庭的孩子。上了大学的默克尔是班里为数不多的女孩子,她不再像中学时代那样能够将自己隐藏在人群中。年轻时的感情总是炙热而冲动的,很快,默克尔就与乌利希坠入爱河。默克尔的感情是相对晚熟的,大学期间,她和乌利希就像所有的热恋情侣一样腻在一起,周末一起去舞会,闲暇时间一起去短途旅行等。同在物理系以及共同的兴趣爱好让这两个年轻人的感情越来越深,在同居一年后的1977年,两人举办了婚礼。

默克尔的第一次婚礼是按照宗教仪式举办的。在教堂里,默克尔穿了一身淡蓝色婚纱。两人宣誓结婚后,默克尔从安格拉·卡斯纳更名为安格拉·默克尔,随了丈夫的姓,直到今天也没有再改过来。默克尔与乌利希结婚的原因,一方面是因为爱情,但促成她在大学期间就决定结婚的另一原因,其实还是东德的社会制度。东德政策规定,大学生在毕业后3年有义务服从组织安排,到祖国需要的地方去;如果是夫妻,则会分去同一个地方工作,并且会分配一间房子。出于这个原因,当时东德大学生普遍会在上学期间决定结婚,不全然是为了房子的分配,同样是出于不想跟心爱的人分开。大学毕业后,默克尔和乌利希搬到了柏林市中心的一间小房子内,默克尔每天从那里穿过一条小路去科学院工作,两个人的日子清贫而安逸。

物理研究所的生活对于默克尔来说十分压抑,那段日子里她的精神状态也不好,她没有朋友,郁郁寡欢。后来,她投身于青年团的文化工作中,和在文化团中交到的新朋友一起组织活动。乌利希则不喜欢社交,他只喜欢待在家里修缮家具,打扫卫生。乌利希对政治也毫无兴趣,两人兴趣上的差异越来越大,能够相处的时间也越来越少,这一切都注定了他们的婚姻生活无法长远。终于,4年后,两个人平静地做出了离婚的决定。

在研究所的日子里,默克尔认识了自己的第二任丈夫约阿希姆·绍尔。绍尔是汉堡大学的化学教授,在量子化学领域享有盛誉,他曾经指导过默克尔的博士论文。绍尔风趣严谨,同时充满智慧。离婚几年之后,默克尔与绍尔相恋,开始了两人长达10年的同居生活。默克尔与绍尔性格相似,两人都有过失败的婚姻经历,因此在婚姻这件事情上,双方都十分谨慎,两人一直到默克尔成为基民盟主席后才结婚,还是为了保护默克尔不被政敌有意曲解。1991年1月2日,《法兰克福汇报》的一个不起眼的小角落里刊登了这样一条消息:"我们结婚了。约阿希姆·绍尔、安格拉·默克尔。"由此默克尔开始了她的第二段婚姻。

对于强调理性态度的默克尔来说,什么时候能够决定与另外一个人共度余生,那一定是在她觉得两个人可以共同患难之后。显然,绍尔在她心里就是那个对的选择。

绍尔有着自己的事业和研究,他为人低调,即使妻子在政坛中越来越受人瞩目,他也很少露面。在仅有的几次共同出席的活动上,绍尔表现出来的样子都是不苟言笑、一成不变的,绍尔对于媒体的评价并不在意,反而是默克尔,"护短"地辩驳其实自己的丈夫在私下是非常风趣的。默克尔和绍尔都十分重视个人生活的隐私,绍尔工作单位的同事和学生都与他组成联盟,不会向任何媒体透露关于他的事情。

绍尔也是个十分强调独立性的人,虽然他非常爱默克尔,但是如果有人不断地以"默克尔的丈夫"来称呼他,他会感到非常不满。默克尔和绍尔两个人在政坛和化学领域拥有着各自的事业,他们在一起相处的时间虽然短暂,但是正因如此而显得格外美好。每逢周末晚上,如果有时间,默克尔就会下厨,为绍尔做上一顿美味的晚餐。"炸猪排"和"一锅烩"是她的拿手菜。周末的时候,两人会牵手出门散步。他们偶尔会去山间旅游,这会让她暂时得到放松,不必时刻因为亟待解决的政治问题而紧绷神经。

回归家庭生活的默克尔与平日政治家的形象不同,绍尔称默克尔作为妻子是"充满柔情、喜欢笑,并且是个实实在在的好妻子"①。回到家中后,默克尔就会调整自己的身份,不将在工作领域的压力带给绍尔。更多的时候,她是绍尔烦恼的倾听者和排解者。默克尔和绍尔没有婚姻的结晶,从政的时候默克尔已经35岁,她就没有这方面的打算了。节日的时候,绍尔与前妻的儿子偶尔也会来家里帮忙,一家人其乐融融。

褪去政治光环的默克尔看起来就像是一个普通的主妇,她会耐心地倾听丈夫的心事和烦恼,会偶尔"秀"一下自己的拿手好菜,还会和心爱的人一起去远足,听音乐会。从东德少女一路成为"德国母亲",默克尔的人生是传奇而励志的。她有着大部分成功人士身上的品质:有毅力、有决心。她也有着很多成功人士身上没有的品质:克制的理性、清晰的逻辑以及孤注一掷的魄力。

默克尔驾驭"日耳曼帝国"十六载。虽然危机迭起,但她每每都能够顺利化解;虽然毁誉参半,但她的政绩是一份完美答卷。有人说,默克尔过分幸运,她赶上了全球经济增长的好环境;也有人说,默克尔只是前人栽树、后人乘凉中的后来者,吃了以往几届领导人种下的福果。但无论这些有失偏颇的评价如何不断地给默克尔的政治生涯打问号,都不能磨灭她的丰功伟绩:带领德国在一众欧盟成员国财政赤字严重的局面下独善其身,带领德国就业率创下新高、失业率逐渐降低。

---

① 宸斐.女人的力量:女首脑人生启示录[M].武汉:湖北人民出版社,2007:106.

2017年，默克尔成功连任。作为德国和欧洲的"舵手"，除了治理内政，默克尔更有着推进欧洲经济一体化的政治夙愿。然而，作为欧洲经济一体化的引路人，默克尔与她领导的政府交出了一份成绩斐然的答卷，最终却丢失了13.7%的选票，人们将这种赢了选举、丢了民心的现象称为"默克尔现象"。

显然，"后默克尔时代"后继乏力。经济全球化带来的负面影响已经波及传统德国社会，全球化的市场竞争与以往用于维持社会稳定与利益均衡的福利体系存在冲突，亟待解决。尽管默克尔在位的十几年内，她用自己的方式将德国牢牢地护在了身后，但最终还是没有从根本上改变欧洲社会存在的问题。

尽管这并不是默克尔凭一己之力能够解决的，但明显的是，她和她的保守派政治主张已经过时。可惜的是，德国乃至欧洲找不到下一个默克尔，这个现象也在一定程度上意味着欧洲的"领导力缺失"，找不到人来接替默克尔的位置。

2018年12月7日，默克尔在基民盟党代会上发表宣言，她说："我将在某一天带着尊严离开。"

2021年12月，默克尔卸任德国总理。这位"欧洲母亲"曾强势带领德国和欧盟缓步前进。而她不平凡的人生，早已在世界政坛的女性榜样中，书写下了浓墨重彩的一笔。

第六章　私人生活、合作力及玻璃天花板

——乌克兰前总理季莫申科

她是政坛里引人注目的"时尚公主",是世界上最美丽的政客。她的人生是一部传奇的奋斗史,美丽是她的武器,智慧是她的"心法"。来自乌克兰的美女总理尤利娅·季莫申科,一度在国际政坛上掀起巨浪,她是媒体的宠儿,更是乌克兰人心中的女王。

从丧父的农村孩子到"天然气公主"再到乌克兰的美女总理,她梳着一头金黄色的发辫,穿着流行的巴黎时装。从商界到政界,季莫申科是一朵带刺的玫瑰,她强势而霸气,同时深谙如何在男性主导的政治圈子内利用自己的资本保全地位。从担任副总理到锒铛入狱,她从来没有向命运服输过,扛起"橙色革命"的大旗,季莫申科再一次风光地走到了大众面前。成为总理后,她一再刷新人们对政治家的刻板印象,她被称为乌克兰的"多面女皇"。她强势的政治态度、美丽的外表,都让媒体和民众对这个女人的人生充满了好奇。从公主到囚徒,季莫申科变幻莫测的政治前途让我们对她美丽背后的辛酸无奈、风光背后的艰辛难耐产生了思考。

这是一部灰姑娘的政治奋斗史。她迈着优雅的步伐,一步一步走到了乌

克兰和世界面前,她颇具争议,上任以来便绯闻缠身。她在权力的旋涡中沉浮,不达目的誓不罢休。她玩转"美女政治",却无奈跌落神坛,季莫申科的人生是用美丽书写的政治,但这就是她,一个充满野心的实干家。

第一节 童话情缘:充满野心的人生赢家

从1960年西丽玛沃·班达拉奈克当选为世界上第一位女性国家领导人后,半个多世纪以来,国际政坛上不断有新的女性领导人出现,她们英姿飒爽、明艳动人,成为一股靓丽的"玫瑰旋风"。有人将这些女性领导人进行类别划分,发现她们大致分为三类:女承父业类(如印尼前总统梅加瓦蒂)、妻继夫志类(如阿根廷前总统贝隆夫人)以及个人开创类。乌克兰前总理季莫申科就是第三类的典型代表之一。[①]

《围城》中的方鸿渐说过这样一句话:"女人原是天生的政治动物。虚虚实实,以退为进,这些政治手腕,女人生下来全有。"诚如钱老借所作人物之口所言,政坛中确有一些女性政治家,她们美貌又擅于交际,凌厉又聪慧坚定,她们一改众人对政客的看法,风云变幻的政局恰恰就是她们享受镁光灯的第一舞台。如果我们将这样的明星式领导人列个名单,那你一定可以在其中找到季莫申科的名字。

在欧洲的东部,有这样一个国家,它风景秀美,是欧洲除俄罗斯外领土面积最大的国家;这里工农业发达,素有"欧洲粮仓"之称,是世界第三大粮食出口国。这里,就是乌克兰。这是一个地理位置十分重要的国家,是欧盟与俄罗斯地缘政治的交界点,乌克兰因此饱受战乱之苦。1991年苏联解体后,乌克兰正式独立。

[①] 刘素云,邓黎.从总理到囚徒:美女政治家季莫申科[M].北京:世界知识出版社,2012:1.

1960年11月27日,季莫申科出生在第聂伯罗彼得罗夫斯克州的一个乡村。

季莫申科幼年父母离异,她一直跟着母亲生活。她的姓氏成谜,有人说她姓捷列金娜,也有人说她姓格里吉扬。季莫申科从来没有就自己的身世做出过解释,因为无论是捷列金娜还是格里吉扬,都不是传统的乌克兰姓氏。有人说季莫申科的父亲是亚美尼亚国籍,她的母语是俄语,为了从政才学习了一口流利的乌克兰语。乌克兰人民偏爱"血统纯正"的政治家,因此季莫申科始终对自己的身世守口如瓶。

可以得知的是,季莫申科拥有着灰姑娘般的寒门出身,她出生在农村,与母亲相依为命。穷苦的童年生活让她磨炼出坚忍的意志,这也让她从小就认定:命运是掌握在自己手中的。

童年时期的季莫申科非常顽皮,她从不屈服于那些"女生就该喜欢洋娃娃"类的陈规旧矩。在她生活的小村庄,人们会看到一个经常穿着裙子跟一群小男孩比赛踢球、爬树的漂亮女孩,那就是季莫申科。

从众多女性领导人的童年来看,对自己高标准、严要求,事事都追求做到最好似乎是她们的共性。贫穷的出身、女性的身份都让她们渴望证明自己的欲望比多数男性更为强烈。学生时代的季莫申科热爱运动,曾经报名参加体操训练班,体能好、天赋高的她在少年时期水准就已经接近专业的体操运动员,只可惜在一次事故中,她的锁骨严重骨折,不得不放弃自己心爱的平衡木。除了运动,季莫申科的学习成绩也十分优秀。在整个中学时代,她都名列前茅,不仅担任共青团小组组长,还经常组织举办晚会、自己编写剧本。提起童年,季莫申科毫不避讳自己的领导欲:"我很小就有一种当领袖的欲望。虽然我是个女孩,性格中并不具有男性的特点,但我总能与他们和睦相处。事实上,在学校里,我曾指挥过所有男孩。"①

"美女"与"政治"似乎无法挂钩,如果一定要提出一种想象,那么更多的猜测可能都会将美女联系成政治的牺牲品甚至利益品。季莫申科的出现为我们提出了更多种可能性,因为抛开身份的加持,单从容貌上来讲,她自幼就是一个不折不扣的美女。1978年,18岁的季莫申科顺利考入第聂伯罗彼得罗夫斯克大学的经济系。随着年龄的增长,她出落得美丽、端庄。她成绩优异,相貌出众,一直是学校里"女神"级别的人物。季莫申科那个时代的大学生是非常幸福的,政府给分配工作和房屋,大部分大学生在大学中无所事事,忙着喝酒、聚会、恋爱,要强的季莫申科从不与他们为伍。事事争第一的她把所有时间都放在了学科的钻研和学生会事务里,没空参加无聊的社交活动,对于大学内风靡的"快餐式约会"也兴趣寥寥。比起联谊,少女时代的季莫申科更热衷于攻克解不出来的数学题。

就在一个平凡的夜晚,一通电话改变了这样一个对恋爱没有什么想法的女孩的人生。

这一天和往常没什么不同,舍友们都去参加聚会了,只有季莫申科在宿舍做数学题。这时电话铃声突然响了起来,电话里一位叫作亚历山大·季莫申科的男生在找"尤利娅",她应了下来并询问对方有什么事。当得知对方找的是"尤利娅·彼得列夫娜"之后,她才知道对方找错了人,正当她说完"你打错了"准备挂电话的时候,亚历山大说:"没关系,反正也打错了,那就再聊两句吧。"也许是数学题做得有些疲劳,也许是季莫申科那个晚上心情还不错,她并没有感觉到被冒犯,和对方慢慢聊了起来。仅仅几分钟,两人就感受到了和彼此之间"老朋友"般的默契。在那之后的一个月,亚历山大经常主动给季莫申科打来电话,他的数学学得很好,经常会帮她讲解不懂的数学题,一来二去,两

---

① 廖生.美丽与政治:乌克兰女政治家季莫申科[M].北京:社会科学文献出版社,2006:245.

人开始变得无话不谈，亚历山大顺势提出与季莫申科约会的请求。

季莫申科比亚历山大年长一岁，两位心意相通的年轻人很快坠入爱河，他们如胶似漆，难舍难分。约会一个多月之后，亚历山大就将季莫申科介绍给了自己的父母，并正式提出希望能够与季莫申科结婚的想法。亚历山大的家庭背景十分雄厚，父亲是苏共政府的官员，还拥有自己的家族企业。虽然还在上大学，亚历山大就已经开始接手部分家族企业。放在今天这个时代，他的外形和条件都足以称得上一个典型的"高富帅"。

亚历山大的父母在见过季莫申科之后，非常满意这个性格坚强、长相出众、举止优雅大方的小姑娘，他们极力促成这两个年轻人的结合。于是，两人在亲友的祝福下登记结婚，婚后的季莫申科随夫姓改名为尤利娅·季莫申科，并很快与丈夫拥有了爱情的结晶——女儿叶夫根尼娅。

乌克兰对大学期间结婚生子没有限制，彼时的季莫申科虽然只是一个大学二年级的学生，但已经有了自己的家庭。她一边攻读学业，一边照顾自己的丈夫和女儿，一家人甜蜜美满。虽然已经嫁入"豪门"，与丈夫感情甜蜜，但季莫申科绝不甘于简单地做一个家庭主妇。大学期间的她就表现出了对经济学浓厚的兴趣，读完大学后，她继续攻读了经济学硕士、博士。在此期间，她发表了50多篇关于经济学的论文，并出版了专著，凭借着对市场敏锐的判断成为当时知名的经济学专家。嫁入"豪门"，在自己研究的领域内被认定为"专家"，此时的季莫申科可以说是"人生赢家"了。

如果没有后来的社会经济大变革，也许她的一生，都将这么幸福和美。

第二节　商而优则仕：政敌眼中的"致命天使"

毋庸置疑，季莫申科是幸运的。虽然她不曾拥有令人羡慕的出身，但上天赐予了她美丽的容貌、智慧的头脑,以及这段令人惊叹的绝妙情缘。倘若没有遇到亚历山大,季莫申科或许还可以成为知名的经济学专家,但恐怕就难以涉足政界了。

1984年,季莫申科大学毕业,她被分配到第聂伯罗彼得罗夫斯克市的一个机械工厂做经济师,在这里一干就干了五年。1989年,乌克兰允许开办私人企业,身为经济师的季莫申科和丈夫双双辞职"下海"经商,二人借助父亲的资金成立了一家"终端青年公司",年轻且富有冲劲的二人联手将生意做得红红火火,这也直接让季莫申科得到了公公根纳季对于她经济头脑和经商手段的认可。

亚历山大的父亲根纳季·季莫申科是第聂伯罗彼得罗夫斯克市的一名党务工作者,1990年时升任了基洛夫区区长。在彼时的乌克兰,拥有了政治资源,就意味着拥有经济资源,大多数政府官员都会利用职务之便经商,根纳季也在其中。

1991年,乌克兰独立,变革的时代到来。大变革带来的是无序和混乱,社会秩序被打乱,人民的生活动荡不定。在这样一个"乱世"中,社会中多了许多投机者,只要你有胆识、能看准时机,就有极大的概率成为某个产业的领军人物。利用自己的权力,根纳季很快控制了第聂伯罗彼得罗夫斯克市的录像带租赁业和电影院。在那个互联网还没有普及的时代,电影是乌克兰人民了解外部的窗口,根纳季家的企业因此赚得盆满钵满。升任为区长后的根纳季不再方便继续出面经商,就委派季莫申科做家族生意的掌门人,亚历山大则选择退居幕后,做起了公司董事。

作家伍尔芙在《三枚金币》一书中提出一种看法,她认为女性必须要保留集体美德,但同时需要足够的权力以及财政上的独立来抗衡父权制度。[①] 季

---

① 凯勒曼,罗德.女性领导力:现实与挑战[M].张素玲,等译.上海:东方出版中心,2012:59.

莫申科在财政上切实贯彻了这一想法,甚至富得"过了头"。家里的电影院和录像带生意已经做得风生水起,但她不满足于现有的公司规模,于是,在正式从商不到两年时间的1991年,野心勃勃的她将目光投向了能源领域。依托公公根纳季的势力,她成立了乌克兰石油公司。

凭借高明的经商手腕和与生俱来的交际能力,季莫申科很快就赚到了自己的"第一桶金"。在她的经营下,乌克兰石油公司成为第聂伯罗彼得罗夫斯克州的石油特供商,也是在这个阶段,季莫申科认识了自己的"教父"——第聂伯罗彼得罗夫斯克州州长帕维尔·拉连扎科。在这位州长的庇护下,季莫申科的石油生意可谓是一帆风顺。1995年,乌克兰石油公司正式改组为"统一能源公司"。

1996年,拉连扎科任乌克兰总理。当时的乌克兰多数工厂都是从俄罗斯进口天然气和石油,拉连扎科上台后,决定组建一个由各地区石油大亨组成的能源网络,由这些企业统一向各大公司提供石油和天然气,各公司再用现金、股票等方式偿付。这个政策让季莫申科成功"借东风",因为此时她的统一能源公司年交易额已经达到了100亿美元。她也因此正式成为俄罗斯天然气的最大供应商和乌克兰天然气的最大供应商,季莫申科因此被媒体称为"天然气公主"。

"天然气公主"的商业之路远不止此,除了手下的电影、录像带租赁以及能源产业外,她的商业版图迅速扩张。短短几年的时间,季莫申科成功控制了乌克兰20多家大型企业,涉及范围极广,包括航空公司、银行等。季莫申科一跃成为乌克兰首屈一指的女富豪,掌握了占乌克兰20%生产总值的企业,一时间风头无两,身价高达110亿美元。

季莫申科高调、张扬,除了以能源巨鳄的形象示众之外,她也格外注意自己公众形象的营造。她擅长利用媒体资源树立自身形象,她参与公益事业、资助文化演出、捐款修缮教堂等,利用自己的美貌和话题度在媒体上频频露脸。她成功地将自己塑造成了一个"高学历、高颜值、高品德"的"三高"女富豪形象。一时间,乌克兰青年之间兴起了对她狂热的个人崇拜,球队、时尚品牌甚至奖项都以她命名,人们认可这个美丽与智慧并存的成功者。得益于公众形象的成功塑造,季莫申科的生意更加蒸蒸日上。

与传统的女企业家、女政治家不同,季莫申科从来都不是以中性、低调以及沉稳的传统形象示人的,她始终保持着明显的女性特质:一头漂亮的长发、精致的饰品点缀、飘逸的长裙等。她知道如何利用自己的性别优势和美貌资本在男性主导的政界、商界获得成功,这从关于她的一两则故事就不难看出。

统一能源公司因为长期从俄罗斯进口大量天然气而欠下巨额债务,俄方对此态度十分严肃。季莫申科决定亲自赴俄拜访俄罗斯天然气工业掌门人维雅希列夫。她身着迷你裙,脚蹬一双漆皮长靴,浑身散发着令人无法抗拒的魅力。据说,季莫申科先是真诚地吐露出苦衷,紧接着又十分大方而条理清晰地说出了乌克兰方面提出的债务方案,维雅希列夫听完后哈哈大笑。他表示根本无法抵挡这位美女的请求,虽然没有在债款金额上做出退让,但是在还款条件和期限方面都做出了极大的让步。此后,他甚至成为季莫申科的"保护伞",直到他从俄罗斯天然气掌门人的位置上退下来。

另有一则类似的传闻——季莫申科的魅力也让严肃的土库曼斯坦领导人拜倒在她的石榴裙下。乌克兰希望能够推迟偿还欠土库曼斯坦的债务,并且希望可以得到新的能源供应,季莫申科出面拜访土库曼斯坦总统尼亚佐夫。对方一见到她,就不禁感叹:"如此柔弱的女人却能够领导这么大型的企业。"[1]尼亚佐夫答应了季莫申科的请求。

多年后,成为叱咤风云的政界人物的季莫申科曾经坦言:"我的一些做法

---

[1] 刘素云,邓黎.从总理到囚徒:美女政治家季莫申科[M].北京:世界知识出版社,2012:33.

看起来不合常理,但这恰恰是因为我很清楚如何利用自己的资本在这个男性统治的政治圈子里保全地位。"①

在商界,这个道理显然奏效。季莫申科的大智慧就是懂得如何适当而高明地利用自己的女性身份和资本,利用男性怜香惜玉的弱点,让无数男性企业家和男性政治家为自己鞍前马后,从而达到自己的目的。年轻的季莫申科拥有理性的头脑、高明的商业手腕以及与年龄不相符的高超的人际交往能力,这样一个刚柔兼具、野心勃勃的实干家,被同在乌克兰商界的男性竞争对手们赋予了一个精准又直接的称号——"致命的天使"。

第三节　全民偶像:"橙色海洋"里的铿锵玫瑰

作为一个女人,季莫申科拥有美貌,兼有智慧、胆识和意志力;同时她家庭幸福,夫家资产雄厚,丈夫对她关怀备至,已然是一位教科书级别的"人生赢家"了。但季莫申科也是野心家,她不会停下自己的脚步,财富已经无人可以匹敌了,她就带着自己儿时"做领袖"的梦想向权力的方向迈进了。

"商而优则仕",对政治充满兴趣的季莫申科于1996年开始竞选基夫格勒地区的议会议员。季莫申科瞄准的基夫格勒是一个拥有90多万选民的大选区,虽然人数众多,但这里的经济相对于其他选区来说实在落后。起初,当地选民并不欢迎季莫申科的到来,他们认为这个女明星一般的企业家根本不能够代表自己行使政治权利。被拦在门外并不足以挫败这个意志坚定的女性前进的冲劲,聪明的她开始寻找能够贴近选民的方式:真诚。

2001年,美国《广告周刊》(*Ad Week*)的一项调查邀请成人从一份清单中

---

① 廖生.美丽与政治:乌克兰女政治家季莫申科[M].北京:社会科学文献出版社,2006:245-247.

选出他们最想拥有的道德品质,超过一半的受访者选择了真诚。同时,有60%的受访者称他们要求伴侣身上拥有的最重要的品质是真诚。① 基于这一现象,莱昂内尔·比林将真诚称为"我们时代的道德俚语"②。而真诚这种品质,作为女性领导者在工作场合中具备的一个特殊优势,的确能够带来建设性机遇。

面对基夫格勒区的贫困选民,季莫申科脱下了自己钟爱的名牌大衣,摘下了奢侈首饰,她穿着简朴的套装走进很多选民的家中,真诚地讲述自己贫苦的出身以及白手起家成功创业的经历。她鼓励他们用自己的双手创造财富,并承诺会尽己所能带领这里的人民过上好日子。

如同成为年轻人们争相追捧模仿的偶像那样,这一回,她同样成功地用温柔的权威和真诚的态度打动了基夫格勒的选民,顺利当选了该地区的议员。成为地区议员后,她充分展示了自己的社交能力,在丈夫亚历山大和"教父"拉扎连科的帮助和支持下,于1997年以92.3%的惊人高票当选国会议员。

拉连扎科是季莫申科人生中重要的"贵人"之一,他与季莫申科结识于第聂伯罗彼得罗夫斯克,作为时任州长的他给了季莫申科生意上非常多的帮助。后来拉连扎科当选总理,推出的能源提供网络计划更是让季莫申科的公司从此一飞冲天,垄断了国内几乎所有的天然气进口业务。除了在商业上的帮助之外,拉连扎科还带领季莫申科走进了仕途。身为拉连扎科"好盟友"的季莫申科,在拉连扎科组织反对党"村社党"后加入了该党,以当时乌克兰反对党中坚力量的身份活跃在政坛上。

好景不长,1997年夏天,拉连扎科因贪污巨款罪名被卸任总理职务,逃离

---

① 凯勒曼,罗德.女性领导力:现实与挑战[M].张素玲,等译.上海:东方出版中心,2012:228.
② DOLLIVER M. It's popular, but authenticity isn't what is used to be[J]. Ad Week, 2001,7(2):19.

乌克兰,次年在瑞士被逮捕,被判处有期徒刑18个月,在获得保释后狼狈地逃往美国。同年,他再次在美国被逮捕,美国陪审团以31项罪名对他提起诉讼,判处4年有期徒刑。拉连扎科的倒台使"盟友"季莫申科迅速陷入了被动局面,眼见下一个被对付的可能就是自己了,季莫申科立刻改变阵营,退出了反对党,宣布同当局讲和。

在被乌克兰检察院怀疑自己曾向拉连扎科行贿1.62亿美元时,季莫申科在接受采访时直接与拉连扎科划清了界线:"拉连扎科和我只是朋友关系。我们之间没有任何政治与经济上的合作。我对他所做的一切都感到遗憾。"①

行贿风波因为没有证据而不了了之后,季莫申科成立了名为"祖国"的新政党,她表达了对总统库奇马的支持,并受到库奇马的接见。1998年起,季莫申科出任乌克兰国家预算委员会主席。

在担任国家预算委员会主席期间,季莫申科重新制定了预算规则,改变收支比例,并成功地构建了更为积极完善的救助金系统。这一为公民谋福利、做实事的举动使她迅速拥有了良好的群众基础。季莫申科的政途并没有因为拉连扎科的风波呈现颓势,正相反,她在第聂伯罗彼得罗夫斯克地区刮起了一阵属于季莫申科的"风潮":当地社交的标准穿着是她的穿衣风格,她的名字被广泛应用到各种场合。从政以后,这位美女富豪的"明星效应"不减反增,她又拥有了一个新的名字——"乌克兰政坛的性感符号"。

1999年,尤先科当选乌克兰总理。为了平衡自己和库奇马之间相差较大的政治实力,也为了迎合民心,为自己赢得群众基础,尤先科找到了季莫申科,并任命她为乌克兰副总理。尤先科之所以选中季莫申科,在很大程度上是因为季莫申科自带的"明星效应"。一方面,尤先科想要获得民心,平衡自己和库

---

① 刘素云,邓黎.从总理到囚徒:美女政治家季莫申科[M].北京:世界知识出版社,2012:55-56.

奇马的政治力量；另一方面，季莫申科刚刚从反对党中退出，虽然表面上来看她归附于总统库奇马，但尤先科愿意相信这只是一场迫于形势的"暂时妥协"。

就这样，季莫申科成为乌克兰副总理，离权力顶峰越来越近。

多年学习经济与从商的经验推动她大刀阔斧地进行经济改革，她主张推动市场经济，加快大中型企业私有化进程。在她的领导下，乌克兰解决了拖欠俄罗斯数十亿美元的债务问题，恢复了与其他国家在机械制造、管道工业等领域的经济关系，这也使乌克兰向俄罗斯的工业产品出口几乎翻了两番。

季莫申科和总统库奇马理念上的不和在改革大步迈进的过程中迅速暴露出来。季莫申科上台后，就开始强硬地进行改革，这样大刀阔斧的动作难免会"动了别人的豆腐"。她不顾能源寡头们的反对，对石油开采举行公开招标，并且成交价格高出库奇马决定的4倍。此举虽然有利于国家经济的发展，但对于寡头们来说，无疑是大大侵害了他们的利益，于是他们开始不断地向库奇马施压。

如果说政治决策的矛盾只是一方面，那么"9·16反对派记者失踪案"就让两个人彻底结怨。

2000年9月16日，以经常尖锐批评当局著称的《乌克兰真理报》记者贡加泽离奇失踪，一直到11月份，他的无头尸体才在郊外树林被发现。此事一经曝光，便迅速引起了社会的巨大震动，人们认为贡加泽的死是因为他"触及了当局的利益"。与此同时，库奇马的一名秘密保镖公开了库奇马办公室的录音内容，内容关于库奇马、乌克兰内务部部长以及总统办公室主任三人密谋如何"处理"掉贡加泽。这样赤裸裸的政治阴谋彻底激怒了乌克兰人民，成千上万的乌克兰人民走上街头，要求库奇马下台。

在这场大规模的"倒库运动"中，季莫申科非但没有置身事外，反而号召自己的政党积极投入这场反对当前政权的活动。这让早就对季莫申科怀恨在心的库奇马果断展开了行动——2001年1月15日,乌克兰检察院以走私、行贿及偷税漏税等罪名起诉季莫申科。1月19日,库奇马解除了季莫申科的副总理职务,警方很快逮捕了季莫申科,她的丈夫亚历山大也因行贿罪被控。季莫申科锒铛入狱,被送往乌克兰条件最差的监狱服刑,直到1个月后被基辅法院判定无罪出狱。

季莫申科看起来不像一个雷厉风行的女政客。她身材娇小、举止大方,任谁看都会觉得这是一个弱不禁风的女子,像是一朵被风吹雨打就会零落的娇艳玫瑰。季莫申科从来都知道自己看起来外表是这样,实际上内心是完全不同的。她有着非凡的意志力,即使面对从总理到囚徒的巨大落差,也能够咬紧牙关,一口不知来路的食物都不吃。

"他们想把我秘密杀害在监狱里面,因此他们送来的食物我从来都没有动过。"①回忆起这场无妄之灾,季莫申科这样说。

在监狱内待了42天的季莫申科出狱时骨瘦如柴,十分虚弱,她一出狱门立刻被送往医院紧急治疗。2001年4月2日,乌克兰最高法院作出裁定:基辅佩切尔区法院判决有效,季莫申科也就此逃脱了厄运。尽管逃脱了牢狱之灾,但季莫申科的财产却因此蒙受了巨大损失,她的股票被没收,财产被分给亲人,出狱后她也没有得到任何的补贴。

就此低头"认命"不是这朵"带刺玫瑰"的行事作风,季莫申科将一头黑发染成金色,将头发绑成乌克兰妇女传统制式盘在头顶,开始轰轰烈烈地参与"倒库运动"。

政治斗争招致的牢狱之灾在这个充满拼劲、不服输的女人身上刻下了不可抹去的伤痕。

祸兮福之所倚。这一个多月的监狱生活虽然让季莫申科吃尽了苦头,但

---

① 刘素云,邓黎.从总理到囚徒:美女政治家季莫申科[M].北京:世界知识出版社,2012:62.

她的强硬态度赢得了民众的认可与同情。一时间,季莫申科在乌克兰人民中的声望如日中天,她在狱中不卑不亢的气魄受到了曾经对她充满质疑的同僚们的认可。政治斗争牺牲品的身份反而成功帮助她一跃成为反对现有政权的女英雄。

2001年6月,季莫申科联合几个少数党派成立了"民族拯救论坛",这个联盟后来被更名为"季莫申科联盟"。这是乌克兰历史上第一个以政治家命名的政党,联盟领导人称:"季莫申科在乌克兰的知名度远远大于'民族拯救论坛',以她的名字命名将使我们赢得更多的注意力和选票。"[①]从命名这件事情上,我们就不难看出季莫申科在当时乌克兰的影响力有多大。

2002年4月,季莫申科领导的"季莫申科联盟"在乌克兰大选中获得了议会的21个席位,从此成为乌克兰政坛再也无法小觑的一支政治力量。与此同时,总理尤先科与总统库奇马的矛盾也日益清晰,季莫申科联手尤先科领导的"我们的乌克兰"人民联盟等反对派,在各大城市发起了大规模抗议活动。他们指责库奇马腐败,与贡加泽的死难逃干系。在这场运动中,季莫申科始终走在前列,高声呼喊着"乌克兰,起来反抗",人们开始意识到这个外表柔美的女人其实内心十分刚硬,纷纷开始支持她。

2004年,乌克兰总统大选,按照乌克兰的法律,库奇马已经连任两届总统,不得继续连任。而竞选总统的24位候选人中,胜算最大的就是前总理、反对党领导人尤先科和时任总理亚努科维奇。亚努科维奇是在尤先科被议会弹劾被迫下台后由库奇马任命的总理,背后支持他的势力不言而喻;相比之下,尤先科是反对党"我们的乌克兰"人民联盟的领导人。库奇马的老对手季莫申科理所当然地站在尤先科身后,成为其竞选的坚定支持者。

在帮助尤先科竞选造势的过程中,季莫申科又一次被当局的"枪口"对准。

---

① 廖生.美丽与政治:乌克兰女政治家季莫申科[M].北京:社会科学文献出版社,2006:49.

2004年9月,俄罗斯军事检察院出面指控季莫申科曾经向俄罗斯国防部5位军官行贿,并从俄罗斯走私天然气。由于季莫申科是乌克兰议会议员,享有刑事豁免权,执法部门无权将她逮捕或拘留。季莫申科否认被指控的一切罪名,并坚定地认为这是一场来自政治斗争的"阴谋",她甚至强硬地说出了那句有名的话:"我有一支正式登记的猎枪,我要向任何试图靠近我的人开枪。"[①]

2004年10月31日,乌克兰正式进行总统选举。选举结果出人意料,没有一位候选人获得超过半数的投票,尤先科获得39.87%的选票,亚努科维奇则获得39.32%的选票。根据乌克兰法律,两位候选人进入第二轮总统选举。在第二轮选举中,尤先科以2.85个百分点的微弱差距输给了亚努科维奇,亚努科维奇当选乌克兰新一任总统。[②] 当日,尤先科成立国家救亡委员会,指控当局在大选中舞弊,并发起了全国性罢工活动。季莫申科坚定地站在尤先科的队伍中,与他一起走上了街头,点燃了这场"橙色革命"。

迫于压力,2004年11月26日,乌克兰最高法院接受了尤先科的上诉请求,并开始调查。28日,国家救亡委员会在基辅市中心独立广场上要求在24小时内撤销亚努科维奇当时的总理职务。独立广场上聚集了两万名群众,搭满了代表各州的帐篷,来自全国各州的民众来到基辅支持尤先科,他们称是"为了自由而斗争"。

2004年12月3日,乌克兰最高法院判决第二轮总统竞选结果无效,于12月26日重新进行总统投票。"橙色海洋"席卷了整个乌克兰,而季莫申科作为街头政治的"经历者",无论是影响力还是行动力,都毋庸置疑成为推动这场革命的先驱。有人说,尤先科的胜利与季莫申科有着不可分割的关系,这位站在反对派的强硬女性一手将尤先科"送"上了总统宝座。

---

① 廖生.美丽与政治:乌克兰女政治家季莫申科[M].北京:社会科学文献出版社,2006:246.
② 廖生.美丽与政治:乌克兰女政治家季莫申科[M].北京:社会科学文献出版社,2006:66.

2004年12月26日,第二轮总统大选开始。也许是乌克兰人民已经精疲力尽,从议员到参选者,这场大选引发的政治革命让这个国家的每个人都疲累不已,和平是所有人的一致需求。这场选举最终以尤先科获得52.39%的选票结束,次年1月10日,乌克兰中央选举委员会正式宣布尤先科当选新一任乌克兰总统。

"橙色革命"获胜了,尤先科成为总统。那么,跟随尤先科走上街头,将康乃馨别在镇压游行示威行动的警察衣襟的季莫申科又将何去何从呢?

很显然,早在"橙色革命"前,尤先科和季莫申科就对此就有了共识。成为总统的尤先科遵守了自己的承诺,2005年2月4日,议会以375票赞成、0票反对的结果通过了季莫申科担任总理的决议。当天,季莫申科身着一件花边连衣裙,金发高高地盘在头顶,像是一顶别致的王冠。她微笑着接受"政治同盟"尤先科的祝贺。

这个来自第聂伯罗彼得罗夫斯克的漂亮女子,从一贫如洗到富可敌国;从脱下华服走进选民家中拉票,到坐上了内阁会议的主持席。她的命运同乌克兰云谲波诡的政治局势紧紧地绑在一起,她将美丽注入政治。终于在这一天,政坛也成为她的舞台,她从灰姑娘变成了真正意义上的女王。

第四节　起伏不断:复仇女神何去何从?

季莫申科一上任就狠狠燃起了新官上任的"三把火"。

她首先对前政府留下的领导班子"大换血",共计解除了1.8万多人的职务,其中包括政府部局级干部以及各州、县的行政官员。紧接着,她开始大张旗鼓地"反腐败"。腐败问题一直都是乌克兰最为严重的社会问题,为了打击腐败,新政府成立了跨部门的反腐委员会,制定了《国家公务员诚实法》,并且开始提高政府工作人员待遇,精减政府机构。最后,季莫申科把眼光投向了前政府实施的大规模私有化活动——库奇马时期,乌克兰将许多国有企业拍卖给私人,季莫申科指责这些人在私有化活动中官商勾结、非法敛财,侵占国家财富。

季莫申科的怒火显然全部对准了前总统库奇马和前总理亚努科维奇以及他们的政治力量,当时普遍的说法是库奇马已经从反对派那里得到了保证:他以支持尤先科成为总统的条件,换得了不再被起诉的结果。其实如果回到当时的情况,尤先科确实没有必要再去处置库奇马,毕竟新上任的总统立马处理前任总统并不光彩,况且库奇马所代表的乌克兰东部的势力依然坚挺,尤先科刚刚上台,他最先考虑的事情一定是维护国家的稳定。然而,季莫申科显然不这么想,副总理时期的她曾被库奇马革职,并且沦为政治斗争的牺牲品。那段"监狱之旅"是她回忆起来最为痛苦的经历,她并不打算放过库奇马,甚至直言自己没有给过库奇马任何类似的承诺,并且她强调库奇马必须为自己在乌克兰所做的一切负责。

季莫申科当上总理的第二天,就下令剥夺库奇马的国家保障待遇,将他在下台前政府通过的优惠待遇改回1992年乌克兰议会通过的标准水平。除此之外,她还下令对库奇马进行全面调查。尤先科上台之后,第一个大动作就是进行大范围、大规模的反腐行动,在这个节骨眼,季莫申科提出彻底调查库奇马合情合理。失去了政治庇护的库奇马意识到自己的好日子可能很快就要到头了,他对季莫申科一直有着清晰的认识——季莫申科作为反对党成员时曾有人试图劝和这对政敌,库奇马回答:"要让季莫申科停止战争,比让她喝赫尔涅酒(一种乌克兰烈性白酒)还困难。她就像是大炮的引线,点燃之后就再也无法熄灭。"[①]

---

① 宸斐.女人的力量:女首脑人生启示录[M].湖北:武汉人民出版社,2007:128.

在国企私有化进程中,库奇马女婿与乌克兰首富联手,以8亿美元的低价拿下了乌克兰规模最大的钢铁厂。季莫申科利用这件事与贡加泽之死向库奇马发难。库奇马在职期间,乌克兰腐败严重,季莫申科态度强硬的反腐举动也因此获得了乌克兰民众的认可。除了拿库奇马开刀之外,季莫申科还发誓打击乌克兰东部支持库奇马的煤炭和石油寡头们,指责他们发国难财,非法侵吞国家财产。媒体评价季莫申科为"现实主义的复仇女神",这种说法似乎也间接得到了她本人的承认。在后来的一次演讲中,她说道:"人和动物之间的区别并不是其他什么东西,而是人具有强烈的报复心。"[①]

当然,季莫申科要面临的挑战不止这些。乌克兰这个当时仅仅独立了不到20年的国家存在着许多亟待解决的问题:第一,乌克兰贫困人口数量为1300万,就业人员的平均收入是欧洲国家的1/25,低生活水准导致大量人才外流;第二,乌克兰失业人口数量超过300万,非官方统计数据显示无家可归的儿童数量达到几百万;第三,乌克兰生育率过低,2004年一年人口减少数量就达到了76万,同时,艾滋病、毒品也是这个国家严重的社会问题。为了尽可能解决这些问题,季莫申科领导的新政府确立了17项优先发展计划,其中包括"婴儿生育计划""社会进步计划""反灰色经济计划"等多项涉及民生、文化、经济领域的发展计划。为了实现这些计划,她将吸引外资作为第一要务,在会见国外议员时,季莫申科表达了乌克兰吸引外资的热切期望。除此之外,季莫申科还期望与欧洲国家共同建造一个新的石油天然气运输管道,以便通过发展核电扩大能源的自给量。

尤先科与季莫申科同为经济学家出身,两人的经济观点却背道而驰。尤先科倾向自由市场经济学,而季莫申科则倾向国家加强宏观调控经济能力的观点。季莫申科想要在短期内处理好这个国家长久积累下来的问题和弊病,

---

[①] 廖生.美丽与政治:乌克兰女政治家季莫申科[M].北京:社会科学文献出版社,2006:248.

但这岂是那么容易的？2005年春天，乌克兰出现燃油价格持续走高直至短缺现象，批评者把这归罪在季莫申科身上，认为她对柴油、机油价格的限制导致俄罗斯石油商减少了对乌克兰的石油供应。同时，季莫申科对私有化问题的强势态度也受到了批评，她的强硬立场让不少私有企业主惴惴不安，西方投资也没有在"橙色革命"后上升，种种现象都让很多原本支持季莫申科的议员、商人、政府官员开始对季莫申科的能力产生怀疑。

正所谓"冰冻三尺，非一日之寒"，多年的能源短缺和腐败遗留下来的社会问题简直是一团乱麻，要想解决，谈何容易？季莫申科也许是经济学领域的佼佼者、商界叱咤风云的"天然气公主"、街头高声呼喊的领军人，但能否成为一个优秀领导者，在这样的政治环境中解决好乌克兰的诸多问题，谁都不知道。

2006年3月，季莫申科带领自己的党派"季莫申科联盟"参加最高议会选举。在这次议会选举中，原本属于"橙色联盟"的社会党临时倒戈，与曾经被季莫申科和尤先科一起推下台的前总理亚努科维奇领导的地区党结盟，赢得了这次选举。8月4日，亚努科维奇正式成为乌克兰总理。新政府上台后，乌克兰经济开始缓慢复苏，政府提高了最低工资和退休金标准，失业率下降。

季莫申科深知她必须要及时采取行动，否则一旦政局更加稳定，亚努科维奇领导的政府就可以安心治国，获得民心，而自己就再也无法翻盘了。

于是，从2007年初开始，季莫申科宣布成为亚努科维奇政府的强烈反对派。2007年4月，以地区党为首的议会宣布通过《内阁法》，这意味着议会和政府的权力扩大，总统的权力相对削弱，"老仇人"亚努科维奇和尤先科的战争局势又一次紧张起来。季莫申科看准时机，宣布退出议会，开始无限期反对当局，并要求重新进行选举，甚至扬言要发动第二次"橙色革命"。

季莫申科此举无疑是帮了水深火热中的尤先科一个大忙，总统尤先科见此情势，顺水推舟，宣布解散议会，并称解散议会的决定是为了"维护国家主权和领土的完整"。此举遭到了地区党、社会党等议会多数派的强烈反对,尤先科坚持命令,并且态度更加强烈,乌克兰又一次陷入了漫长的政治僵局。为防止因为政治冲突升级导致暴力,同时为了确保国家利益与社会稳定,两方各自作出让步,乌克兰于2007年9月30日提前进行议会选举。在450个议席中,地区党获175席,季莫申科联盟获156席,"我们的乌克兰"人民联盟获72席,共产党获27席。季莫申科与尤先科再次宣布结盟,昔日的"橙色联盟"再一次被政治利益紧紧地捆绑在了一起。

季莫申科原本以为自己可以凭此一役重回总理之位,但随之而来的议会表决却让她下不来台。在2007年12月11日的两次议会表决中,季莫申科都只获得225票,距离成为总理的最低票数226票只差了尴尬的一票。议会否决后,尤先科再次提名季莫申科为总理,并要求议会对此进行表决。12月18日,乌克兰议会以举手表决的方式批准了季莫申科成为乌克兰总理,这是1991年来乌克兰第一次用这种方式任命总理。

无论如何,季莫申科再次回到了总理之位。吸取了上一次的教训,同时出于对自己未来政治生活的考量,季莫申科在上台之初就采取了一系列惠民政策。其中包括从国家预算中拨出40亿美元来支付苏联时期的存款赔偿金,宣布本年度不会再提高民用天然气价格以及批准新一轮的私有化企业等。这些惠民政策很快得见成效,季莫申科的支持率上升到27%,她由此成为乌克兰最受欢迎的政治家。相比之下,尤先科就没那么好运了,人民认为尤先科只善于作秀,不干实事,他的支持率下跌至个位数,始终无法突破10%。[1]

这样对自己不利的发展局面令尤先科惊慌,他很快采取措施,指责季莫申科推举的政策是为了拉选票,开始公开攻击季莫申科。

季莫申科也不甘示弱,2008年9月,季莫申科联盟与地区党、共产党反应

---

[1] 刘素云,邓黎.从总理到囚徒:美女政治家季莫申科[M].北京:世界知识出版社,2012:174.

迅速,通过了限制总统权力的《内阁法》修正案。面对季莫申科的强烈攻势,尤先科带领的"我们的乌克兰"人民联盟立即进行反攻,宣布退出执政联盟。重组执政联盟无果,尤先科又一次签署了解散议会的总统令。一时间,围绕尤先科总统令的对抗局面以及金融危机的波及,让乌克兰的政治和经济都陷入了一团混乱。

两次"总理梦"破灭,两次遭遇总统解散政府。季莫申科陷入了迷茫,怎么才能继续走下去,在高位大展宏图呢?她想起了第一次被"下岗"之后的目标——参与总统竞选。

既然总统的权力能够解散议会,那么成为总统就不会再有这样的风险了。抱着这样的想法,季莫申科重整旗鼓,参与即将到来的总统大选中。

2010年2月8日,乌克兰总统大选公布结果,亚努科维奇以51%的得票率战胜了44%得票率的季莫申科,成为乌克兰的新一任总统。这个结果在某种意义上其实早有预兆,政治局势的长期混乱,让乌克兰人民早已不再相信所谓的"橙色革命""橙色精神"。尽管季莫申科宣布自己永不承认这次选举的合法性,永不承认亚努科维奇的当选,但是败选的结果却再也无法改变。

作为曾经将亚努科维奇从总统宝座上逼下来的先锋军,季莫申科和她带领的反对党很快就遭到了亚努科维奇的"围堵"。

亚努科维奇一上任,就要求国际货币基金组织对原季莫申科政府的国际信贷资金使用情况进行清查和审计,这一举动牵出了与季莫申科有关的一系列案件。在这些案件中,季莫申科被指责利用职权非法侵占、在职期间利用职务之便免除本人公司欠下的巨额债务等。乌克兰成立"季莫申科专案"调查小组,开始对季莫申科开展长达一年半的调查和问讯。

2011年10月11日,季莫申科走进了基辅别切尔斯基区法院,她将在这一天迎来最终审判。即使是这样,她仍高高地盘着头发,妆容完整,与丈夫和女儿拥抱,她坚持"这个判决是由亚努科维奇作出的,不会改变我的生命"①。

最终,基辅别切尔斯基区法院宣布判处尤利娅·季莫申科7年监禁,3年不得任公职,全额赔偿乌克兰国家石油天然气公司15亿格里夫纳的经济损失。对此,季莫申科没有表现出任何惊慌,她泰然自若,并且称自己将与亚努科维奇斗争到底……

2014年2月22日晚,亚努科维奇倒台,季莫申科被最高行政议院无罪释放。随后,她在首都基辅广场发表演讲,呼吁所有支持者们,在没有达到目标之前一定要坚守信仰,绝不放弃。

2019年,赴德治病回归的季莫申科再次宣布将参加总统竞选。5月20日,季莫申科败给了人民公仆党的弗拉基米尔·泽连斯基。季莫申科的总统梦,到这里又告一段落了。季莫申科会放弃吗?这位从风雨中走出来的铁娘子,会像她演讲所说那样,永远坚持信仰,永不放弃目标吗?

无论季莫申科未来的选择是什么,一个无法改变的事实就是,她已然成为了乌克兰站在世界政坛面前的"风云人物"。从她出现在大众眼前那一刻开始,她就颠覆了我们对女政客的传统印象;当她高盘一头金发、戴着橙色围巾走上街头时,她就已经证明了自己坚定而强势的态度。她的人生,从灰姑娘到公主,再从女王沦落至囚徒,这美丽背后的辛酸无奈、风光背后的步履艰辛,都是一个值得我们注目的现实主义"灰姑娘"童话。

---

① 李固."橙色公主"沉浮[J].人民文摘,2012(1):56-57.

第七章 企图心、责任心与意志力
——争议旋涡中的英国前首相特蕾莎·梅

特蕾莎·梅是英国继撒切尔夫人以来第二位女首相。两人上台时英国所面临的艰难处境以及执政风格在某些评论家看来具有相似性,因此将两人进行比较是再正常不过的一件事情。

以两人上台时英国的处境而言,撒切尔夫人上台之时,英国正处于国内经济持续低迷、社会问题频发、英国国际影响力不断减弱的内外交困局面[1];而"脱欧"问题达到历史拐点、恐怖主义加剧、难民危机亟待解决,特蕾莎·梅面对的就是这样一个仿佛凛冬将至的英国。

衡量女性领导力有多种评价体系与方法[2],对于政坛女性领导人而言,政治环境是她们职业发展的背景板,政治环境的变化对她们来说是机遇也是挑战,撒切尔夫人和特蕾莎·梅已经交出了她们各自的答卷。

在辞去首相职务之后,各方对于特蕾莎·梅执政的评价随之涌来。无意

---

[1] 在国际上,英国的影响力不断减弱,国际收支和财政状况日益恶化,军事上难以维护自身安全,需要仰赖美国主导的北大西洋公约组织的保护;国内经济则深陷"滞胀状态",面临经济危机、通货膨胀、高失业率等诸多社会问题。
[2] 张丽琍,张瑞娟.女性领导力[M].北京:北京师范大学出版社,2018:5.

于历史功过的评述,本书更想关注的是特蕾莎·梅是如何成为英国首相的,她面临着怎样的挑战。特别是其中哪些是特蕾莎作为女性领导人要面临的挑战,她在其中展现了怎样的个人特质与领导力。

第一节 梦想之初:"我要成为英国女首相"

不少女性领导人在小时候都曾不同程度地表现出对政治的兴趣和关注——撒切尔第一次参与政治是 10 岁,在父亲竞选镇议员期间她被分配到折竞选传单的工作,除此之外撒切尔也热衷于与父亲就各种问题展开辩论。特蕾莎·梅在还是孩子的时候,出生于牧师家庭的她就经常和父母一起讨论国际局势。大约是中学阶段,梅对政治产生了浓厚的兴趣,长时间地沉迷于政治新闻。年纪稍长一点,她和父亲之间的谈话便完全变成了辩论。①

但梅引人注意的一点是她参与政治的意图更为明确:梅在 12 岁的时候,就已经下定决心更加深入地介入政治。"在很年轻的时候,我就想成为下议院议员了。"②

据特蕾莎·梅的堂弟安迪·帕洛特回忆,他的父母曾给他放过一盘磁带:"我认为,这盘磁带是特蕾莎在六年级的时候录的。她说,她想成为大不列颠第一位女首相。"③

那一年是 1972 年,距离 1979 年撒切尔夫人当选英国第一任英国女首相还有 7 年。梅的一位老同学也证明了这一点:2016 年在梅成功当选英国首相的几天后,一位名为帕奇·戴维斯的人写信给《卫报》:"20 世纪 70 年代早期,

---

① 普林斯.特蕾莎·梅:谜一般的首相[M].周旭,张广海,译.北京:文化发展出版社,2017:24.
② 普林斯.特蕾莎·梅:谜一般的首相[M].周旭,张广海,译.北京:文化发展出版社,2017:25.
③ ROBINSON N. What does Theresa really think? [EB/OL].(2016-10-01)[2022-10-22]. https://www.bbc.co.uk/programmes/b07wmzx6.

我和某个叫特蕾莎·布拉西耶,现在叫特蕾莎·梅的人是同班同学。当她告诉我们的班主任蒙哥马利先生,她想成为首相的时候,我们都暗中嘲笑她。现在,我们都不敢窃笑了。"[1]

从英国女权主义运动的进展来看,1918年《人民代表法》出台[2],并最终通过妇女参选资格条款[3],虽然该条款具有一定局限性,只规定30岁或30岁以上的女业主或男业主的配偶才有选举权,但这是英国妇女第一次获得选举权[4];1928年,英国21岁以上的女性终于获得与男性同等的选举权[5]。从那之后的几十年,在法律层面上,女性逐渐拥有了更多的权利,但人们思想的转轨和女性在现实意义上参政的实现仍然需要时间。至少是在特蕾莎·梅想成为英国首相的1972年之前,没有任何她可参照的女性领导人的典范。

梅已经许下了她的愿望。这期间,周围人的支持对她非常重要。在梅很小的时候,梅的父母就像对待成年人一样,和梅平等地交谈:"我的父亲并不是让我坐在那里,然后训斥我一通……和其他人一起工作和交谈是我父亲的职责之一,在这种环境下,步入仕途是自然而然的事情。"[6]

对于梅在十几岁时说出的想要成为英国第一位女首相的宣言,她的家人们并没有认为梅的早熟完全没有意义。相反,他们一直以她为傲。

这一梦想直到梅进入牛津大学开始有了落地生根的可能。梅很快加入了

---

[1] DAVIES P. Old classmate Theresa may tear up the rules[EB/OL].(2016-07-18)[2022-10-22].https://www.theguardian.com/politics/2016/jul/18/old-classmate-theresa-may-tear-up-the-rules.
[2] 高雪. 19世纪中叶到20世纪初的英国妇女选举权运动[D].呼和浩特:内蒙古大学,2012.
[3] 王晓伟. 英国政党关于妇女选举权的态度和策略 1866—1918[D].郑州:河南大学,2016.
[4] 历史见证:英国女权运动[EB/OL].(2010-02-19)[2022-10-22]. https://www.bbc.com/zhongwen/simp/indepth/2010/02/100212_women_vote.
[5] 张代蕾.英国女性纪念获得选举权100周年[EB/OL].(2018-02-07)[2022-10-22]. http://www.xinhuanet.com/world/2018-02/07/c_1122382312.htm.
[6] 普林斯.特蕾莎·梅:谜一般的首相[M].周旭,张广海,译.北京:文化发展出版社,2017:24.

牛津辩论社和牛津大学保守党协会：如果能成为牛津辩论社的主席，几乎意味着在现实中也能获得权力，"二战"后很多政治名流都曾担任过辩论社主席。梅自己也曾表示，在牛津辩论社的经历对她在议会的政治生涯很有帮助。①保守党协会则是一个表现很活跃的组织，协会成员经常讨论现实的政治议题，向一些团体靠拢是很多入读牛津大学伊始就立志从政的政治家们的做法。②梅还经常拉着同学一起去听政治演讲。③

毕业之后梅在银行工作的同时，也加入了一些地方政治团体，并在1986年代表保守党参选大伦敦市默顿区议员并成功当选，从此开始其政治生涯。20世纪80年代末，梅萌生出竞选更高职位的想法——进入下议院成为国会议员。这对于那个时代的女性来说，并不是一件容易的事：以1987年的大选数据为例，当时只有41名女性议员进入议会，仅占下议院全部议员的6%，梅所支持的保守党内部也只有17名女性议员。妇女获得了选举权，但当时并没有任何措施鼓励女性进入政坛。

要想进入议会，首先需要获得候选人资格，候选人需要经过一系列复杂的审批手续，而当时的保守风气使得这一程序对女性来说并不十分友好。梅的朋友桑德拉·比尔林回忆："在那个时候，女性当候选人是一件非常困难的事。当地的委员会中也有一些女性，但大部分都非常传统。"④

女性候选人在候选程序中甚至会遭受一些十分有恶意的提问。1997年，与梅一起入职议会的布罗德兰的议会议员基思·辛普森回忆：

---

① 特蕾莎·梅采访，BBC《荒岛唱片》2014年11月23日节目。
② 普林斯.特蕾莎·梅：谜一般的首相[M].周旭,张广海,译.北京:文化发展出版社,2017:40.
③ 门迪科.牛津大学的浪漫指引着特蕾莎·梅从灾难走向胜利[N].星期日电讯报,2016-07-09.
④ 普林斯.特蕾莎·梅：谜一般的首相[M].周旭,张广海,译.北京:文化发展出版社,2017:74.

有一位非常聪明的女性,她的丈夫是一位农场主,他们两个都进入了面试。等待他们的将是一场鸿门宴。该组织的一名妇女问这位农场主:"如果我们选择了她,会发生什么事儿呢?……她就要去伦敦工作了。"一位男性居然问他:"你要怎么解决性的问题?"①

梅成为候选人的过程也并不一帆风顺。1989年,梅竞选伦敦北部霍尔本和圣潘克拉斯议员候选人失败;1990年,梅成功成为达拉谟西本选区的候选人,这一选区在议会中的席位常年被工党党员所占据。没有人看好保守党在该区赢得选举的可能,但梅依旧锲而不舍地努力,甚至为方便在这一地区工作而在达拉谟买下一套房子。1992年大选保守党以38票微弱劣势落败,但在保守党在全国范围内的选票减少的情况下,梅显然为保守党保住执政党地位做出了突出贡献。

从地方政治团体到获得地方议会席位,再到成为国会议员候选人、成为国会议员,梅不像其他年纪轻轻就进入威斯敏斯特宫的保守党人(比如梅前一任的首相戴维·卡梅伦)。被任命为第一届内阁成员的利亚姆·福克斯曾说:"她是通过政治斗争,通过在地方任职一步步成长起来的。"②

自女权主义运动开展的一个多世纪以来,女性参与政治的情况已经有了很大改善,但与男性相比,女性担当领导者的机会依然少之又少。更重要的是,女性常常被认为缺乏成为领导所必需的冷静、理性等气质而被排除在男性的内部支持网络之外,即使出现少有的女性领导人的成功范例,她们的成功也仅仅被当作一个偶然的个人神话。在这种情况下,成为女性领导人的确很少成为女性认为可实现的职业目标。有研究甚至证实,与男性相比,有才干的女

---

① 普林斯.特雷莎·梅:谜一般的首相[M].周旭,张广海,译.北京:文化发展出版社,2017:74.
② 普林斯.特雷莎·梅:谜一般的首相[M].周旭,张广海,译.北京:文化发展出版社,2017:67.

性很少会愿意把自己描绘为对首席执行官的位置或对参选政治席位有野心的女性。①

整体来讲,问题的关键主要不在于女性的选择,而是需要关注到女性的选择在何种程度上由社会建构或受社会政策的限制,关注到作为配偶、政策制定者和老板的男性作出的选择可能在哪些层面限制女性,以及关注到大量像男性一样盼望成为领导者的女性在成功的过程中相比男性面临哪些阻碍。但不管怎么说,作为女性的梅,大声说出自己不寻常的职业期望,是提高女性领导力在个人策略方面自我意识觉醒的第一步②;对于其他女性来说,梅的成功也提供了一个可畅想的未来职业选项。

除强烈的企图心之外,梅的晋升之路也显示出她超凡的责任心和意志力。这些品质伴随她的职业生涯,之后的部分还将会以梅的经历具体展开说明,这些品质作为女性领导力的组成要素,对梅或对任何一个想要成为领导者的人来说有多么重要。

第二节 巧破成见:"下一个撒切尔"还是"时尚女魔头"?

成为领导人是否必须具备某种气质?

在牛津大学读书的早些年间,众人眼里的特蕾莎·梅勤勉、努力③,但也有人认为她过于刻板和严肃,而这种性格或许并不利于她在政治领域登顶。梅的牛津大学校友同时也是辩论社成员的拉吉瓦·维杰辛哈(斯里兰卡作家和政治家)评价梅称:"我非常喜欢特蕾莎·布拉西耶,她有着令人愉快的幽默

---

① 凯勒曼,罗德.女性领导力:现实与挑战[M].张素玲,等译.上海:东方出版中心,2012:4.
② 凯勒曼,罗德.女性领导力:现实与挑战[M].张素玲,等译.上海:东方出版中心,2012:14.
③ BBC新闻频道2016年7月13日对时任内阁大臣、也是梅在大学时的校友达米安·格林的采访。

感,在牛津辩论社中发挥着至关重要的作用。不过,我从未想过她能成为首相。在这个金发碧眼、沉默寡言、彬彬有礼的小姑娘身上,任何人都没有发现她成为政治明星的潜质。"①

人们经常把特蕾莎·梅与撒切尔夫人进行比较,相比于梅身上低调、传统、稳定的保守党人特质,强硬、果断的撒切尔夫人似乎更具有领导人的气质。同样在牛津大学读书期间,撒切尔就已经成为大学保守党协会的第一位女主席②,而梅在辩论队的表现却并不出彩。

总之,在牛津大学当时所有立志于投身政治的人当中,梅看上去是最不可能成功的一个。

梅似乎与这种不利于她在政治领域登顶的沉默、刻板气质做过漫长的斗争。1997年5月,特蕾莎·梅开始在英国下议院工作,即使梅花了大量的时间适应下议院繁忙的生活节奏和雪花般的邀请函,梅还是落得了一个"不善交际"的名声。

"她从来不被邀请去餐厅和俱乐部,为什么会这样?好吧,因为她是女人吗?当然不是,当我1998年被邀请参加那个俱乐部的活动时,那里至少就已经有两位女性了……她不是很热爱工作吗?她不是很喜欢辩论吗?俱乐部也有很多场辩论,人们不邀请她是因为她可能只会说:'哦,不好意思,我没有时间。'"③基思·辛普森评价说。

事实上,酒文化在那时的议会生活中颇为盛行,议员的工作性质决定了他们都是善于社交的人。即便是那些酒量不大的人,他们也愿意和自己的同事一起喝喝酒、聊聊天。梅显然并不喜欢这种生活方式:"当我进入下议院的时

---

① 普林斯.特蕾莎·梅:谜一般的首相[M].周旭,张广海,译.北京:文化发展出版社,2017:42.
② BBC.问与答:解读撒切尔夫人的一生[EB/OL](2013-04-08)[2022-10-22].https://www.bbc.com/zhongwen/simp/uk/2013/04/130408_q_a_thacher_life.shtml.
③ 普林斯.特蕾莎·梅:谜一般的首相[M].周旭,张广海,译.北京:文化发展出版社,2017:97.

候,我有一种身处吸烟室的感觉,还要和根本不想搭理的人聊天。我想,我还有工作要做,一定要先完成本职工作。"

梅认为,自己应该凭借才能而不是社会关系获得尊重:"在喝酒过程中或者在俱乐部与人闲聊的过程中处理公事,绝大部分女性都不会采取这种方式。如果有公事要处理,就在办公室把它处理妥当。"①

对于女议员应该如何安排自己的生活,梅曾经想效仿保守党内部比较年长的女性,她有两种可以参考的模板:一种以前任内政部部长安妮·维登库姆和议员特蕾莎·戈夫曼为代表,前者以令人生畏著称,后者的格言则是"你必须比男人还男人",这似乎与这个国家第一位女首相玛格丽特·撒切尔的行事风格一致;另一类则以前任内阁部长吉兰·谢泼德和弗吉尼亚·博顿利为代表,她们承认女人和男人拥有的不同地位和状态,并积极为女性议员提供女性同盟支持和帮助。

"不善交际"的名声在梅职业生涯的大部分时间里都伴随着她,当梅担任内阁下议院领袖时,梅的首席参谋蒂莫西建议她表现得更合群一点,日程秘书在梅的行程表上预留出去茶水间的时间,以便梅用友好、非正式的方式认识她的保守党议员同事。但据当时梅团队里的一位成员回忆称,"特蕾莎从未投入过多热情和其他保守党议员打交道"。

看起来,梅拒绝像上文所述安妮·维登库姆等人一样接受一套实际上是模拟男性的生活方式和"比男人更男人"的行事逻辑,但她也始终不像吉兰·谢泼德等人那样,致力于提高女性在议会中的比重。对于梅来说,公平的概念是对所有人的公平,因此她主张营造公平的竞争环境,而不是公布全是女性候选人的名单。②

---

① 普林斯.特蕾莎·梅:谜一般的首相[M].周旭,张广海,译.北京:文化发展出版社,2017:96.
② 普林斯.特蕾莎·梅:谜一般的首相[M].周旭,张广海,译.北京:文化发展出版社,2017:118.

约翰·埃尔维齐说,梅并非是传统意义上的女权主义者,但她一定认为女性可以进入政治领域,不应该低人一等。① 同样,在议会这个对女性并不十分友好的环境中,梅深受其害。

至少是从梅第一次竞选成为议员候选人开始,梅作为女性,其外表总是会成为评审的关注点,而男性则不会。梅第一次落选议员候选人的理由不是因为别的,而是因为梅那天戴了一个手镯,甚至还有人传言梅的落选是因为她那天穿的裙子不够长。② 在议会任职后期,有关特蕾莎·梅演讲的报道最后往往都集中于她的外表。

在女性领导力的研究取向里,有一种取向将女性领导力定义为"具有女性气质的领导力",女性作为一个修饰词被添加到领导力的研究框架中,而"女性领导力"被限定性解读为"温和""有亲和力"之类的女性气质。受实证主义取向影响的研究者则将男性作为唯一具有合法性的客观实在,认为女性领导力的说法之所以出现,是女性研究者基于自身性别对领导力研究作出的一种不客观的认知。③ 恰恰是在这一种范式影响下,"控制""权威""果断",这些大多数和领导联系在一起的特性都是男性化的。④ 在这种情况下,一些女性的确可能作出模仿男性领导气质的做法而尽量避免流露女性化特征;而如果你穿着时髦的衣服,民众就不会把你当作政治家。⑤

梅似乎找到了一种策略来应对这种政治领域的双重性别刻板印象,她不仅不致力于变成撒切尔那样的"铁娘子",而且不讳言自己对时尚的兴趣:"在

---

① 普林斯.特蕾莎·梅:谜一般的首相[M].周旭,张广海,译.北京:文化发展出版社,2017:83.
② 卫斯理.内政大臣原谅了霍尔本[N].卡姆登新日报,2011-06-09.
③ 张敬婕.女性领导力研究的差异性取向及四种认识论[J].领导科学,2016(6):48-50.
④ 罗德,凯勒曼.女性领导力:现实状况[M]//凯勒曼,罗德.女性领导力:现实与挑战.张素玲,等译.上海:东方出版中心,2012:5.
⑤ 莎拉·蔡尔茨的评价.普林斯.特蕾莎·梅:谜一般的首相[M].周旭,张广海,译.北京:文化发展出版社,2017:131.

我的政治生涯中,人们总是评价我穿的是什么。这是正常会发生的事,你只能接受。但这并没有阻止我外出并享受时尚。我也认为展示出女性在做这种工作的时候也能保持对时尚的兴趣很重要。"

梅四处奔走争取选民投票,她甚至巧妙地利用装扮来加深自己在别人脑海中的印象或者传达某种她想要传达的信息:在作为候选人参与巴金选区的竞选时,梅穿着一身樱桃色套装,将自己打扮得尽量像一个"埃塞克斯女孩"①。

在男性占据主导地位的议会,梅或许也选择了用装扮首先吸引别人的注意力。"她喜欢穿五颜六色的鞋子,大部分议会成员都是男性,他们穿黑色的鞋子,因而她能轻而易举地吸引人的注意力。"②

保守党对于提高女性在议会中所占比重这一点并不热切,但这一点显然影响到了公众对保守党的良好印象,他们认为保守党过于陈腐和守旧。在成为保守党主席并第一次作为党主席致辞的时候,梅选择穿一双罗素与布罗姆利的中跟鞋,用这种大胆的穿鞋风格来向公众显示,她是一个热爱时尚、毫不古板的人,同时也用这种形象扭转公众对她所在的党派的认识。

很多人认为,梅选择那些引人注目的鞋子,其目的还在于为公众提供一个有吸引力又相对安全的关于她的话题。

"所有的政治家都有公众乐于讨论的话题,公众将注意力放在梅的穿衣打扮上,对她来说真的非常幸运。"③"在那个公众和媒体想要知道政治家所有私事的年代,这些故事非常可爱和迷人。"④也难怪一些媒体的标题喜欢用"时尚

---

① 伯恩斯.1994年巴金补选中,特蕾莎·梅努力让自己看上去像个埃塞克斯女孩[N].巴金和达格南邮报,2016-07-18.
② 来自彼得·克拉斯克的评价。
③ 来自桑德拉·比尔林的评价.普林斯.特蕾莎·梅:谜一般的首相[M].周旭,张广海,译.北京:文化发展出版社,2017:132.
④ 普林斯.特蕾莎·梅:谜一般的首相[M].周旭,张广海,译.北京:文化发展出版社,2017:133.

女魔头"来定义特蕾莎·梅。

另外,梅完全没有必要为所谓的"不利于在政治领域登顶的气质"担心,很快她就会发现,她身上另一些特质对于她成为首相及成为首相之后的政治实践更为重要。

第三节 迎难而上:在"脱欧"的历史底色中前行

特蕾莎·梅的政治生命历程与"脱欧"一词紧密关联。自 2016 年 7 月 13 日就任首相,到 2019 年 7 月辞去首相一职,一千多个日子里,她几乎一直在为"脱欧"这件事情奔走。

英国"脱欧"背后关联复杂的政治、经济问题。"脱欧派"与"留欧派"之间的分歧来源于底层民众与精英阶层之间利益分配的不均衡。如果把这一现象置于一个更宏大的历史进程中,在全球化不断推进的背景下,英国"脱欧"公投也并非一个"孤立事件":在欧洲大陆,荷兰、丹麦、瑞典等国家,都有政治力量与英国的"脱欧派"遥相呼应,要求在本国实行"脱欧"公投。①

几乎没有人像特蕾莎·梅在这一政治实践的过程中承受格外剧烈的拉扯。接任卡梅伦上台的特蕾莎·梅面对的是一个在"脱欧"问题上态度极度分裂的英国:2016 年 6 月 23 日,英国就"是否脱离欧盟"举行全民公投,公投结果显示 52%的选民支持"脱欧"。这一结果显然出乎属于"留欧派"的时任首相和保守党党魁卡梅伦的意料。有分析人士称,卡梅伦当初同意"脱欧"公投一方面是想缓解国内政治压力,安抚选民对欧盟日益高涨的不满情绪;另一方

---

① 何茂春,张冀兵.从英国"脱欧"看民粹主义"崛起"[EB/OL].(2016-11-14)[2019-12-18].
http://news.ifeng.com/a/20161114/50252454_0.shtml.

面也是希望借助"脱欧"公投这一非常举措来推动欧盟改革,为英国谋取更多利益。① 但公投结果大大超出了这位首相的预期,卡梅伦因此宣布辞职。

事实上,不仅是卡梅伦,大多数英国民众也没有想到公投会是如此结果。由于不满英国"脱欧"公投结果,部分民众甚至发起联署签名请愿要求英国议会重新考虑公投有效性,呼吁二次公投。

时任首相辞职并宣布辞去保守党党魁职务后,包括特蕾莎·梅在内的5位候选人参与了保守党党魁竞选。之前人们普遍猜测首相之位或许会顺利过渡到卡梅伦在政治上的朋友乔治·奥斯本手里,伦敦前市长鲍里斯·约翰逊则被认为是最大热门人选。但随着公投结果的出炉,奥斯本显然受到了重创——他与前任政权的联系太过紧密。奥斯本的退出使得梅与出身伊顿公学、缺乏对基层民众了解的鲍里斯的区别显现了出来:一直以来积极与地方保守党积极分子见面的梅获得了更多民众的支持并且在民调中胜出。

在参选仪式的发言里,梅第一次回应了她那并不华丽的政治品质,或者说所谓的不适合担当领导人的气质:"我知道一些政治家因为意识形态的热情而追求高位,我知道其他人这样做是出于野心或荣耀。但我的理由要简单得多……我记忆所及,公共服务一直是我这个人的一部分。我知道自己不是一个华丽的政治家。我不在电视演播室里出现,我不在午餐时说八卦,我不在议会的酒吧喝酒,我不经常袒露自己的感情,我只是应对摆在面前的工作。"

梅的很多任顾问似乎都曾建议梅多展开与国会其他议员的社交活动以争取支持,显然梅在吸取这些人的建议方面一直做得并不是很好,但梅的以上讲话使大家终于看清了她的态度。相比所谓华丽的政治气质,梅的坦荡、干脆与稳重使许多人在公投之后动荡不安的日子里感到安定。

---

① 李志豪.英国"脱欧",卡梅伦为何要辞职?[N/OL].法制晚报,2019-12-21[2022-10-22]. http://www.360doc.com/content/19/0716/17/44361760_849188509.shtml.

梅成为首相,过去数年的坚持有了回报,但等待梅的却并不轻松。

在旷日持久的"脱欧"谈判中,议会内派系林立,却没有一方占据绝对多数。保守党内,除了忠于梅、认为现有"脱欧"草案是最佳方案的保守党人,还有以欧洲研究小组为首的"硬脱欧派"。他们不仅敢于发起不信任投票,还因手握约60张选票开出价码,要求首相修改保障条款,否则便集体反对,甚至不惜无协议"脱欧"。反对党方面,以科尔宾为首的工党核心不信任现有政府能解决"脱欧"问题,要求重新大选以寻求上台执政,但还有大量工党议员联合少量保守党议员组成"人民投票"(People's Vote)阵线,要求举行第二次"脱欧"公投,扭转第一次公投结果。除却来自国内的挑战,梅还要与欧盟进行谈判。

偏向温和保守的特蕾莎·梅提出了"软脱欧"方案。在2018年英国与欧盟就"脱欧"协议达成一致之前,实际上梅已经经历了一年多时间的谈判,而现在这份草案还要经由议会通过。

2019年1月15日,英国"脱欧"协议草案在英国议会以432票反对、202票支持的投票结果未获通过;

2019年3月12日,英国下议院投票再次以391票反对、242票支持的投票结果否决了英国政府与欧盟达成的修改后的"脱欧"协议;

2019年3月29日,英国政府的"脱欧"协议草案以286票赞成、344票反对的投票结果第三次被下议院否决。

议会审议在威斯敏斯特宫的议会大厅里举行。下议院大厅局促狭窄,面积也许不会大于一个室内篮球场,当600多名议会成员集中于大厅并毫不客气地向首相发出质询时,很难不使首相感受到压迫感。梅曾经这样评价过:"下议院议会厅最有意思的地方在于,当你踏入那个房间的时候,你永远无法确切地知道厅中的气氛。"[1]

---

[1] BBC第四台《荒岛唱片》关于特蕾莎·梅的采访。

梅就是在这样的环境里一次又一次面对议员们的质询。

在任期间,在下议院接受提问的140个小时里,特蕾莎·梅共回答过约4500个问题。她从未因下议院的气氛而流露出丝毫胆怯。相反,她时常作出精彩的回击。虽然从最终结果来看,这位缺少魅力但有着勤奋、坚韧名声的牧师的女儿没能带领英国走出迷雾重重的时期,但梅不再是那个面对公众演讲保持沉默的女生了。

2019年7月24日12时,即将卸任英国首相的特蕾莎·梅在位于威斯敏斯特宫的下议院接受了她的最后一次"首相问答"。面对反对党工党的领袖科尔宾,她甚至还开了一个玩笑。

第四节 辞职之后:眼泪与坚守

"我很快就会离开这份我感到荣幸一生的工作……我怀着深切而持久的感激之情,因为我有机会为我热爱的国家效力。"在辞职演说中说完最后一句话之后,一直刚强的梅终于流下了眼泪。

这似乎为各大媒体关于特蕾莎·梅辞职的报道提供了一个绝好的标题,"梅是否也认为自己3年来的作为完全失败?"当《星期日邮报》记者西蒙·沃尔特兹问到梅为何转身哭泣时,梅回答说,"当男首相哭泣的时候,人们会觉得他是个爱国者;而当一个女首相哭了的时候,人们却只会问她为什么"[①]。

除了梅的眼泪,在梅的告别演讲之后,媒体也热衷于评价梅的历史功过。从脱欧这一目标的实现来说,梅是完完全全的失败者,但回顾梅作为首相的3

---

① WALITZ S. If a male PM weeps he's a patriot. If a woman does, they ask why.[N/OL]. The Daily Mail,(2019-07-11)[2022-10-22].https://www.dailymail.co.uk/news/article-7238445/If-male-PM-weeps-hes-patriot-woman-does-ask-why.html.

年,我们也看到梅身上可贵的品质。在告别演说中,她提到三年前自己成为首相的历史节点,"早在2016年,我们就给了英国人民一个选择的机会。与之前预测的所有结果相反,他们决定离开欧盟"。作为首相,梅认为在一个民主国家,人们拥有投票的权利,首相的职责就是执行他们的决定。

"当我们中的某个人陷入困境时,我们最基本的人类本能就是把自己的利益放在一边,伸出援手,帮助他们渡过难关。这就是为什么我的核心信念是,人生的意义不仅是个人主义和自我利益。我们组成家庭、社区、城镇、城市、郡和国家,我们对彼此负有责任。我坚信,政府也负有责任。"

在许多年里,梅就是凭借着这份责任心前行。

辞去首相职务后,梅作为后座议员——梅登黑德的议员继续履行职责。与梅的许多前任者在离开议会之后选择在私营部门追求丰厚收益不同,梅似乎无意退出政坛。

除了在自己的安全选区开展竞选活动外,她还定期前往一些选区支持其他候选人,重点关注女性和有竞争力的席位。一位名叫贝利的女士表示,特蕾莎一直非常支持女性候选人,当地所有居民都非常高兴见到她。一些人表示梅的状态很好,当有人问起梅的退休生活的生活,梅很肯定地告诉她们自己当然没有离开政坛。① 这不免让人想起梅过去在达拉谟以及巴金选区为保守党争取选票和她在国会担任影子内阁大臣的岁月:1992年大选来临之前,梅所拥戴的保守党似乎就要失去执政党的地位,梅情绪低落,她没能为保守党赢得达拉谟西北地区在议会中的席位,成为国会议员的童年梦年似乎也越来越遥远。但梅没有放弃,重整旗鼓之后,她赢得了另一半选区的支持。

---

① PAYNE S. Theresa May rallies the tory faithful in key marginals[N/OL]. Financial Times,(2019-11-07)[2019-12-18]. https://www.ft.com/content/461a8954-181d-11ea-9ee4-11f260415385.

一如她过去所做的那样,她坚定地支持和守护着她所支持的政党。"如果说特蕾莎身上有一块岩石穿过的话,那一定是'保守党'。她永远不会抛下我们,我们也不会抛下她。"一位资深人士这样评价。

特蕾莎·梅称成为首相是她一生的荣耀。她指出,她的首相身份意味着每一个年轻女孩可以借由此知晓"她们能取得的成就是没有限制的",并且作为英国第二任女首相,她确信她不会是最后一个。

我们也这样确信。

结　语

在 21 世纪的第 20 个年头,任何一位体面且理智的男性政治家都会对他的女性同僚们礼遇有加并且高声赞美,至少在公开场合他们不得不这么做。因为几百年甚至上千年来女性为自身权利所做的斗争,已经让男女平等的观念深入人心,她们当中的一些杰出分子甚至用自身卓越的领导才能,让男性同僚们甘拜下风。这一点,在孕育了现代文明的欧洲社会表现得尤为明显。

1979 年 5 月 3 日,英国大选,保守党获胜,撒切尔夫人出任首相,成为英国历史上第一位女首相。在其后的 11 年半时间里,这位女性领导人以壮士断腕的勇气和一往无前的刚毅,带领英国走出通胀阴霾,并将舰队开进了马尔维纳斯群岛,让彼时的英国人重温了一把帝国梦。

但撒切尔夫人的成功,对世界女性争取政治权利来说,有多大程度的借鉴意义呢?她果敢、坚毅,但更多时候,她的政治对手们将她的这种特质攻讦为"强势刚硬,霸道专横,咄咄逼人,为人处世一味模仿男人,全靠自己学着比男人还像个男人",他们还给撒切尔夫人起了一个男性化绰号"铁娘子"。

作为一个国家的掌舵者,女性领导人是否必须模仿男性,在施政风格上表现得像男性一样果断刚毅,才能成为一名优秀领导者呢?来自欧洲其他国家的女性领导人给出了不同的答案。

或许是受撒切尔夫人就任英国首相的鼓舞,又或者是欧洲女性争取政治权利的斗争取得了阶段性胜利,从 1980 年开始,欧洲各国陆续出现了女性领导人,并且都在本国乃至世界政坛留下了浓墨重彩的一笔。

1980 年 6 月,冰岛选出了世界第一位女总统——维格迪丝·芬博阿多蒂尔;1981 年 2 月,格罗·哈莱姆·布伦特兰成为挪威 380 年历史上第一位女首相;1999 年 6 月,瓦伊拉·维基耶-弗赖贝加成功当选拉脱维亚总统;2000 年 3 月,塔里娅·哈洛宁当选为芬兰共和国历史上第一位女总统;2005 年 2 月,尤利娅·季莫申科第一次出任乌克兰总理;2005 年 11 月,安格拉·默克尔成为德国历史上第一位女总理;2016 年 7 月,特蕾莎·梅就任英国首相,成为英国历史上第二位女性首相……

我们很难将这些优秀的女性归类,给她们冠以果决坚毅、优柔寡断这样的形容词。作为一国领导人,需要她们决策的事务包罗万象,要解决这些纷繁复杂的事务,则需要综合运用各种政治智慧和政治手段,而面对这些政治智慧和手段,我们很难将它们归类为"男性的"或"女性的"。

从北欧的冰岛、挪威、芬兰的女性领导实践来看,这三位女性领导人在执政时将目光更多地放在了妇女、儿童等弱势群体的权益以及环境保护、可持续发展等非传统国家安全议题上。如果我们单纯从性别政治的观点来看待这个问题,会很容易将其归因到领导人的女性特质上来。

但当我们脱离性别政治,从北欧各国的国家特性来观察的时候,则能更清晰地看到,北欧各国实行高福利政策的传统由来已久,国家富裕、人口稀少,人民普遍关注民生问题与发展问题,从而形塑了其政治领导人执政风格。一个更显而易见的对比是,哪位北欧男性领导人会不重点关注这些议题呢?

同样被这种"国家特性"左右了执政风格的女性领导人还有拉脱维亚总统瓦伊拉·维基耶-弗赖贝加,以及乌克兰总理尤利娅·季莫申科。1991 年这两个国家相继脱离苏联,在这之后,弗赖贝加开启了帮助拉脱维亚人找寻国家方向、找回文化之源的探索之旅,而季莫申科在其短暂的总理生涯中,则一直徘徊在政党斗争与打击寡头,推行更公正的私有化改革身上。至于她们的女性身份,以及季莫申科被人们所津津乐道的"美女政治",只不过是人们对"女性政治家"这个"新鲜物种"的猎奇而已。

默克尔与特蕾莎·梅的情况要相对复杂些,国家特性与个人特质在她们的执政生涯中交相辉映,只不过有时候是国家特性占了上风,有时候个人特质又变得相对重要起来。德国和英国都是在世界政坛上举足轻重的大国,也都有着深厚的民主传统与民众自治传统,当国家顺风顺水、平静无事的时候,领导人最好的作为便是"不作为",顺应民意,推行稳健的政策即可。默克尔在任 15 年,也正是德国飞速发展的 15 年,理性坚韧的默克尔顺应了这种发展,并用自己独特的个人魅力给自己和德国赢得了世界声誉。

特蕾莎·梅受命于英国"危难"之际,3 年时间里,她为"脱欧"事务焦头烂额,有人指责她优柔寡断、不够有魄力,但批评她的人可能忘了,她的前任首相可是临阵脱逃的,她的下任首相也是在她所做的大量工作基础之上才顺利"脱欧"的。因此,与其说英国"脱欧"问题是她作为一个女性领导人面临的问题,不如说这是所有英国首相们都需要面临的一个问题。需要质问的是,男性领导人们是否有她做得好?

从这些女性领导人领导国家的具体实践中,我们似乎很难找寻到属于女性领导人的某些领导特质。在领导一个拥有众多人口、意见纷杂的国家时,领导人的"性别"特质似乎没么重要,他(她)们得承受这个国家的惯性、人民的惯性以及这个时代的惯性。

当我们津津乐道于女性领导人对环保事业、保障妇女儿童权益事业、和平与安全事业、接收难民事务所做出的独特贡献时，我们似乎忘了，这些事务本身就包含在国家领导人治国理政的范畴之内。只是由于男性政治家们长期以来把持领导人地位，而他们之中的大多数将更多的目光放在了零和博弈与冲突对抗上，使得这些关于民生福祉的事务被忽视了而已。

这些优秀的女性领导人，只是捡拾起了这些被男性同僚所忽视的政治事务，她们因此而获得赞誉或诋毁。也正是她们的加入，才真正还原了政治的本来面目，这个世界有冲突也有合作，有战争也有和平。当有一天，人们谈论起政坛领导人，不再因为其性别而对其瞩目，不再因为其性别而有所期待或偏见时，男女平等这一观念才算真正在人们心中落地生根，政治也才会变得更加多元而平和，而这也正是这些优秀女性政坛领导人们所存在与奋斗的意义。

参考文献

艾特肯.撒切尔夫人:权力与魅力[M].姜毓星,罗小丽,译.重庆:重庆出版社,2016.

伯尔曼.直面寒冰:默克尔的德国十年[M].周思婷,于威娜,译.成都:四川人民出版社,2015.

陈璇.默克尔:一切梦想终将成真[M].北京:台海出版社,2015.

宸斐.女人的力量:女首脑人生启示录[M].武汉:湖北人民出版社,2007.

端木美,周以光,张丽.法国现代化进程中的社会问题:农民·妇女·教育[M].北京:中国社会科学出版社,2001.

凯勒曼,罗德.女性领导力:现实与挑战[M].张素玲,等译.上海:东方出版中心,2012.

柯内琉斯.默克尔传[M].杨梦茹,译.北京:中信出版社,2015.

李银河.女性权力的崛起[M].北京:文化艺术出版社,2003.

李英桃.女性主义国际关系学[M].杭州:浙江人民出版社,2006.

廖生.美丽与政治:乌克兰女政治家季莫申科[M].北京:社会科学文献出

版社,2006.

刘建飞.撒切尔夫人传[M].北京:东方出版社,1998.

刘素云,邓黎.从总理到囚徒:美女政治家季莫申科[M].北京:世界知识出版社,2012.

马奇,伟尔.论领导力[M].张晓军,郑娴婧,席酉民,译.北京:机械工业出版社,2018.

闵冬潮.国际妇女运动:1789—1989[M].郑州:河南人民出版社,1991.

默克尔,米勒-福格.默克尔总理:迈向权力之巅[M].李卡宁,许文敏,译.北京:国际文化出版公司,2006.

普林斯.特雷莎·梅:谜一般的首相[M].北京:文化发展出版社,2017.

秦德君.领袖形象的政治艺术[M].上海:复旦大学出版社,2009.

撒切尔.撒切尔夫人回忆录:唐宁街岁月[M].呼和浩特:远方出版社,1997.

徐明远,刘新生.国际政坛女杰[M].北京:世界知识出版社,2003.

裔昭印.西方妇女史[M].北京:商务印书馆,2009.

张丽琍,张瑞娟.女性领导力[M].北京:北京师范大学出版社,2018.

郑佳节.潘基文:联合国掌门人[M].北京:中央编译出版社,2007.

郑文阳,郝火炬.撒切尔夫人传:政坛铁娘子的传奇人生[M].北京:人民日报出版社,2013.

朱特.战后欧洲史(卷三):大衰退 1971—1989[M].林骧华,等译.北京:中信出版社,2014.

虎集.西欧政坛六女杰[J].国际人物,1996(4):55-60.

黄立志.女性主义国际关系理论研究:李英桃教授访谈[J].国际政治研究,

2016,36(2):118-134.

蒋莱.性别刻板印象及其对女性领导发展的影响[J].中国浦东干部学院学报,2009(5):95-99.

李英桃.女性主义国际关系学及其发展前景[J].世界经济与政治,2005(7):50-56,5.

刘大朋.启蒙时代的法国女性和女性观[J].徐州师范大学学报(哲学社会科学版),2009,35(1):57-61.

刘丹.芬兰新总统哈洛宁女士[J].当代世界,2000(4):19-20.

谈闻.冰岛首位民选女总统:维格迪丝·芬博阿多蒂尔[J].现代交际,1995(11):44-45.

张敬婕.女性领导力研究的差异性取向及四种认识论[J].领导科学,2016(6):48-50.

朱忠武.领导力的核心元素[J].中外企业家,2005(4):32-33.

高雪.19世纪中叶到20世纪初的英国妇女选举权运动[D].呼和浩特:内蒙古大学,2012.

韩冬杰.北欧女性参政特色及形成原因分析[D].石家庄:河北师范大学,2016.

王晓伟.英国政党关于妇女选举权的态度和策略1866—1918[D].郑州:河南大学,2016.

郑志姣.18世纪法国沙龙中的女性地位探究[D].杭州:浙江大学,2012.